家的积淀

张正根 著

国际文化出版公司
·北京·

图书在版编目（CIP）数据

家的积淀 / 张正根著. —— 北京：国际文化出版公司，2022.1
ISBN 978-7-5125-1404-1

Ⅰ.①家… Ⅱ.①张… Ⅲ.①张正根－回忆录 Ⅳ.① K825.46

中国版本图书馆 CIP 数据核字 (2022) 第 005034 号

家的积淀

作　　者	张正根
责任编辑	戴　婕
出版发行	国际文化出版公司
经　　销	全国新华书店
印　　刷	北京虎彩文化传播有限公司
开　　本	710 毫米 ×1000 毫米　　16 开 15.75 印张　　　　　　　203 千字
版　　次	2022 年 1 月第 1 版 2022 年 1 月第 1 次印刷
书　　号	ISBN 978-7-5125-1404-1
定　　价	68.00 元

国际文化出版公司
北京朝阳区东土城路乙 9 号　　　　邮编：100013
总编室：（010）64271551　　　　　传真：（010）64271578
销售热线：（010）64271187
传真：（010）64271187-800
E-mail：icpc@95777.sina.net

目录

自序 /1

生命的回望 /4

彰显家的力量 /9

第一章　老家浓情 /11

　　　　立石山沟 /13　父子情深 /24　家国情怀 /39

　　　　张氏宗亲 /50　同房姐弟 /59　坝上风貌 /63

　　　　天赐良缘 /72　亲家交心 /79

第二章　阳光正道 /85

　　　　勤俭起家 /87　要站起来 /98　潜心向学 /113

　　　　家庭文化 /117　齐心合力 /121　家兴人旺 /127

第三章　群星闪耀 /133

　　　　志高行洁 /135　回报教育 /141　不负众望 /148

　　　　各展风采 /154　秀慧姊妹 /170　后生可畏 /177

第四章　积淀无价 /185

　　　　家风家训 /187　处家良策 /201　善待之光 /207

　　　　健身乐章 /213　草根作品 /218　记者访谈 /240

根深叶茂　本固枝荣 /245

后记 /248

自序

我是本书的作者，从出生到参加工作，在四川省渠县立石沟生活了16年；在教育部门工作的44年里，年年都要回老家探亲、祭祖；退休20年来，几乎每年都要回到立石沟扫墓，参加张氏宗祠清明会。

一路走来，我已年过八旬，多少年来，无数个日日夜夜，站在寂静的夜空遥望家乡，我的情思总是飞向故乡，深切怀念已故的祖先和父母，牵挂故乡的亲人和邻里，眷恋立石沟那一山一水，一草一木，曾著有《往事历历》《从教与悟教》《乐在其中》。

三本拙作全是以第一人称手法回忆家乡、家庭，直抒历历往事，记叙自己的人生与感悟。我的晚辈和部分读者看了三本书后，建议我以"家庭"为中心，把张氏家庭在近百年内沉积下来的"价值"进行整理、组合，汇成一部弘扬家庭正气，凸显家庭风尚的文集留给社会，传承给后代及世人。

对我们而言，真正有趣味的岁月也不过一二十年，坦然地过好生命的每一瞬间，尽可能不留遗憾、少留遗憾才是最佳选择。时不我待，该抓紧办的事情不能拖沓，深藏心中的故事，不论酸甜苦辣，一定要讲出来。不然，未来多有变数，不知哪朵云彩有雨，永远无法知道惊喜和意外哪个会先来。我想，千万不能等到心中想讲想写而嘴手却不听使唤的时候再动笔。少点遗憾，多点满足，才是无限夕阳红。

良好的"建议"引起我高度重视，反复深思：如果还是用第一人称手法写自己，写自己的家，写自己的亲人及晚辈，不仅显得主观，有局限性，不便于广阔地反映现实生活，而且会给人"自我标榜、自吹自擂""王婆卖瓜、自卖自夸"的感觉。几经酝酿之后，便开始尝试用第三人称手法反映客观内容。试写一章之后，觉得第三人称写法的优点是不受时间和空间的限制，有比较广阔的活动范围，可以选择最典型的事例展开情节，能够比较自由灵活地反映客观内容。于是，历经两年，一部小小的文集《家的积淀》便正式定稿。

《家的积淀》采取纪实叙说的非虚构表达，主人公张通庚是作者自己的影射，以自己亲身经历的事情和身边的人物为线索来抒发感情。李福莘、汝森叔、刘妈妈、王大孃的事迹都是纪实叙说，并非虚构幻想。书中，张通庚兄弟姐妹、侄男侄女、儿子儿孙的姓名、生平事迹、家庭观念、敬业精神、处世之道都是实话实说，剪不断，理得清的亲情关系或多或少都有体现。四代人主动自觉地传承先辈留下的精神财富、兴家之道和发家理念，决心把百年家庭的积淀，即张氏32字家风——"读书为根、勤俭为本、孝道为先、健康为首、诚善为上、敬业为重、亲和为贵、忍让为怀"一代一代传承下去。

家庭，是以不同的婚姻关系、血缘关系为纽带组成的最基本最小的社会群体，是个人与社会进行联系的桥梁。家庭在人的社会生活中占有重要地位。据有关资料统计，21世纪初，我国家庭数量达4.3亿户，约占世界家庭户总数的1/5。因此，无论是现在还是将来，增强家庭观念，重视家庭建设，传承家风家训，创建和谐家庭，是每位家庭成员的神圣天职。

积淀，是一个家庭走向兴旺的关键所在。不懂沉淀和积累的家庭，只会在生活的柴米油盐里日渐衰败。《家的积淀》告诫读者要珍惜和传承家的沉淀和积累。

"一个家庭，留下有关家族、家庭、家人、家教的文字材料很有必要。"这是笔者筹划已久的写作目的。《家的积淀》各个章节，都含有家庭能量的元素。无论何时何地，家庭的传人，年轻的后代，在念想家族长辈的时候，在兴家为人、抚育子女、欢度晚年的时候，读读这些文字材料，也许会受到点滴启发。

值《家的积淀》付梓之际，鄙人引用《刘氏家谱》里的一首古诗与读者共勉：

卯金刀后姓氏存，
主干成林叶茂深。
英雄辈出世代盛，
千年万载永留根。
注：卯金刀，典故名，指刘姓。繁体字"劉"可拆成"卯、金、刀"。

恭贺各个姓氏"主干成林"，枝繁叶茂；祝愿各个姓氏"世代留根"，英雄辈出。

张正根
辛丑年孟春　于成都

生命的回望

——读张正根《家的积淀》随感

◎陈科

我正在地旺的大道上漫步，一个电话连线过来，张正根那浑圆饱满的声音传入耳畔。几句寒暄，先生直奔主题告诉我，他的新著《家的积淀》已杀青，即将梓版付印。这是先生继《往事历历》《从教与悟教》《乐在其中》之后的又一部力作，可喜可贺，我为之高兴。先生约请我为他的新作写点文字，虽然惶恐担心写不好，有负先生盛情，但也不好推辞，便应允下来，写点读后感吧。

《家的积淀》是一部融文学、教育、家族家庭、家风家训、乡风民俗于一体的文集。全书以"家"为线索，从"老家浓情、阳光正道、群星闪耀、积淀无价"四个方面，讲述了作者根脉所系的川东北农村——板桥立石沟笔架山对面张家院子普通农家沧桑岁月、繁衍生息的故事。1940年，本书的主人公张通庚（小名庚娃）在那里诞生，这个天真无邪的"四月龙"在"汝森叔"的启蒙教育下成长起来，走出立石沟，读初中，进速成师范，登上了三尺讲台。凭着一腔爱党、爱国、爱家乡的情怀和坚定的意志，风雨兼程走出了艰苦岁月，绘就了亮丽人生，有了事业，有了婚姻，有了家庭，有了儿孙满堂。作者在《家的积淀》中感慨：传承先辈勤奋、向学、敬业、诚善的懿德，引领后代在文明和谐、积极向上的家庭氛围中走向光明。《家的积淀》是张家院子普通农民及其子弟兴家立业，从教创业，报效祖国的一页诗章。

剪不断理不完的乡愁。乡愁是什么？乡愁是一碗酒，乡愁是一杯茶，乡愁是一朵云，乡愁是一颗星，乡愁是一种情怀。作者笔下的立石沟、立石墩、笔架山，张家院子，三洞拱桥、小平桥、团柏树是那样美丽迷人，富有传说色彩。通庚老师多才多艺，能歌善舞，勤于探究，从事教学教研工作几十年，无论在一线当教师，还是在县教研室主持教育科研工作都爱岗敬业，为党和国家教育事业作出了可贵的贡献。退休后他虽然寓居蓉城，但无时无刻不思念生于斯、长于斯的家乡。他思恋那里的山，那里的水，那里的人，那里的家，那里的宗亲。立石沟的一草一木，一枝一叶，对年迈的他都充满无限的吸引力，常常掀起奔涌不息思乡怀乡的情感波涛。他忘不了儿时与小伙伴们一起割草放牛，一起梭滩抓鱼的快乐；忘不了"汝森叔""刘妈妈"；忘不了张家院子的8户人家；忘不了艰苦的岁月。他眷恋老家，想起自己的老家，就会想起老家的长辈和亲人，想起老家带给自己的快乐童年和美好青春，这种情愫已经融入他生命的每一个角落。剪不断理不完的家乡浓情成了作者激情感怀、奋笔书写《家的积淀》的源头活水。他在自序中写道："千万不能等到心中想讲想写而嘴手却不听使唤的时候再动笔，少点遗憾，多点满足，才是无限夕阳红。"血浓于水的乡愁绵长，爱之弥深。如诗人艾青所言："为什么我的眼里常含着泪水？因为我对这土地爱得深沉……"

历尽沧桑的生命回望。在人类历史长河中，生命是一种特殊现象，是一个时间过程。有了生命才有万事万物，才有了长江黄河，才有了湖泊的涌动，才有了大地的吮吸，才有了群山的呼喊。奥斯特洛夫斯基一部《钢铁是怎样炼成的》诠释了生命的意义。古人叹息人生短促，今人感慨生命可贵，当人们回忆往事时，不因虚度年华而惋惜，也不因碌碌无为而痛悔，便自当满足了。《家的积淀》既是家庭、家族的回望，也是曾经沧海扬帆远航的生命回望。时光的金梭银梭编织了通庚老师的精彩人生，精彩中包含了困苦和辉煌。从立石沟走到李家坝的通庚老师，初出茅庐便以出众的教学艺术，诚恳的做人态度吸引了"十月龙"李福莘。四月龙相遇十月龙，是缘分，更是情投意合，志同道合。双龙结缘，相伴终身，爱情的力量使他们携手穿过一道道坎，走过一道道沟，走向了成功。从云盘到涌兴，到贵福，到县教研室，通庚老师在教书育人中总结出的识字教学经验，提前读写经验在县内外、市内外得到广泛交流；教育科研课题成果——"讲读课文第一课时五步教学法"——在全省推广运用，成了教育科研的领头雁。他忘不了身处逆境时"王大孃"和"十月龙"对他坚定不移的支持，忠贞的爱支撑起家庭，渡过了难关。工作之余，他传承"汝森叔"的师风，养教孩子，家教孙子，使儿孙们都成人成才，成为祖国的建设者。

刻骨铭心的家国情怀。家国情怀是中华民族优秀传统文化的重要内容，是一个人对国家和人民的深情大爱。家是国的元素，家族是社会的单元。家族的繁衍生息、奋斗拓展的艰苦而光荣的历程，是紧扣一代代血肉之躯，生生不息的生命延续。江之长必接其源，树之大必连其根。伟大的中华民族是无数家族的集合。

《家的积淀》的主人公庚娃（通庚老师）、李福莘和汝森叔、刘妈妈、王大孃以及知识分子张正元、张正禄等主要人物的生平事迹、家庭观念、敬业精神以及书中涉及的儿孙小家庭及其成员的典型事例和剪不断、理得清的亲情关系是这部书的脉络；四代人主动自觉地传承先辈留下的精神财富、兴家之道和发家理念，传承家风家训，创建和谐家庭，是这部书的主线。通庚的心里，家园是精神深处一道永不褪色的风景。家运与国运相牵，家风与国风相通。"耕读传家久，诗书继世长"，良好的家风是修身立德之本，干事创业之基。通庚老师谨记百年家庭的积淀，即"张氏32字家风"——"读书为根、勤俭为本、孝道为先、健康为首、诚善为上、敬业为重、亲和为贵、忍让为怀"，干事创业、成家立业都畅通、顺达。读《家的积淀》，我读到了通庚老师修身立性的学养、德养、涵养，读到了他教书育人，家风家训传根脉和一生报效祖国的家国情怀。20世纪中叶，他曾经身处逆境，但他意志坚定，从未动摇过对党和国家的赤诚之心。他深知忍常人所不能忍，方可为常人所不能为，相信风雨之后会有彩虹。无论是在基层学校，还是在县教研室，他精湛的教学艺术，勤勉的工作态度，忘我的敬业精神感人至深。他教学反思总结出的小语教学、小数教学的经验，特别是识字教学、提前读写、十二条习作门径，成了县内外老师们课堂教学的读本。他带领教研骨干巡回于万源、宣汉、开江、大竹等十一个县市区上示范课，交流教学、教研经验，作教育学术报告。他不辞辛劳，满腔热忱，心系国运，心系教育，立家为国的家国情怀让生命闪耀着光芒。

纪实叙说的非虚构表达。作者的前三部书采用第一人称，写"我的往事，我的教学生涯，我的快乐"，向读者纪实叙说"我的故事"，知识性、方法性兼备，直截了当，不遮遮掩掩。用作者自己的话说，叫"王婆卖瓜"，而非自吹自擂。但作者似觉稍欠文学性、趣味性。为提升作品"以文化人，以文铸魂"的品位，作者写《家的积淀》时，在表达方式上刻意用第三人称，站在旁边以自己为原型，写庚娃的成长和心路历程。非虚构文学与纪实文学大致同属，但又不尽相同。非虚构是以事实、亲历等现实元素为背景，且秉承"诚实原则"为基础的写作行为。《家的积淀》中父子情深、劳动生活、双龙结缘、家风家训、教育科研等，无处不是非虚构文学写作，与著名诗人杨牧先生的新作《花房子》一样，同属回忆性非虚构文学作品。正如作者"自序"所说，书中主要人物通庚、汝森叔、李福莘、刘妈妈、王大孃的经历全都是真实的。

触笔柔软的细节描写。触笔柔软的细节描写是本书吸引读者眼球的突出特点。作者笔下的立石沟、立石墩、笔架山、团柏树的十字路口，三洞拱桥下的小河，描写得那样迷人可爱。"群山是他的脊梁，大地是他的胸膛，耕牛是他的伴侣，农具赋予他力量。深深的犁沟印着他岁月的痕迹，他的汗水烫伤了那片热土，他脸上的皱纹堆起了儿女的未来"是对农民形象的汝森叔辛勤劳作的刻画，触笔柔软的描写如同柔美的诗句。11岁的李福莘去给二外婆拜年遭遇冷落,坐冷板凳,晚饭几颗玉米花,几口冷菜汤的细节,让人泛起怜悯之心。已工作了的通庚与大姐同去张二姐家拜年,张二姐早起搓汤圆煮汤圆,几把柴火煮不熟,在房前屋后找枯叶杂草塞进灶孔,锅里的汤圆跳了几下又停了下来还是煮不熟;张二姐的困窘、无奈与内心的歉意、悲哀……那年代缺薪少柴的农家生活跃然纸上。触笔柔软的细节描写给读者留下深刻印象,引起读者共鸣。

文学需要唯美,一部作品难以全美。《家的积淀》同样不是尽善尽美,比如作品中的自我评说议论较多,个别现代语言中夹杂文言,但这些丝毫不影响本书的文学性、趣味性、可读性。《家的积淀》是张正根先生奉献给读者,特别是从事学校教育和家庭教育的广大教师、家长的阅读阳光。透过这抹阳光,我看到了作者回望做人的真谛,教育的真谛和生命的意义。透过这抹阳光,我看到了教育教学、家族家庭、家风家训、家教家勉的力量和传承家的积淀于家庭、于社会的意义。

愿张正根先生厚积薄发的创作之路越走越好,明天的阅读阳光更加绚丽多彩。

2021年6月草成于马鞍山下

陈科,笔名阿言,中国散文学会会员,四川省作协、省民协会员,渠县民俗文化协会会长,《濛山文艺》执行主编。著有《燃情似火》《奔腾的河流》《七彩阳光》等,作品散见于《中国乡村》《散文百家》《四川文学》《四川作家》《星星》《巴山文艺》《大巴山诗刊》等。所著《渠县民间语言》在四川省百家"推优工程"中获奖。

彰显家的力量

——读《家的积淀》有感

◎八福人

笔者出生在板桥，就读于渠县中学，毕业于武汉测绘科技大学，曾任武汉测绘科技大学副教授、教授、博士导师，退休后定居上海。一路走来，接触毛根发小的家，长辈乡邻的家，同学同事的家，国内外市民的家……数以千计，举不胜举。对众多家庭的记忆碎片不时在我的脑海里浮现，一些家庭的大事要事常常在梦中萦绕。时过境迁，不少家庭的往事却渐渐淡忘。

今年孟秋，在下认真拜读了张正根先生撰写的《家的积淀》，书中记载的几个家庭给我留下了深刻的印象，实在难以忘怀。

"汝森叔"是地地道道的老实农民，勤耕苦种的典型事例传遍了整个立石沟。"汝森叔"知书识礼、崇尚知识，以读书为本，把三个儿子从人杰地灵的乡村，从古老的厢房送进了大学，成了"拿笔杆子的文人"。

"王大孃"有志气，不示弱，认定"有儿有女穷不了"，丈夫早逝后发誓不改嫁，含辛茹苦十多年，终于把三个儿女养大成人。她先把幺儿送到部队，后又把女儿送到乡上当干部，晚年过上了好日子。

书中主人公通庚老师从小爱好文娱，学习成绩优秀。他和福莘"双龙结缘"后，曾因家庭出身，几经挫折与痛苦，但他没有放弃进取与追求。他相信："唯有骨气可以开启成功之门，获取成功之果，总有一天会抬起头来堂堂正正做人。"

党的十一届三中全会后，通庚老师在教学、教研工作上业绩频频获褒奖，被四川省教委评为"先进教研工作者"，被四川省人民政府授予"特级教师"荣誉称号。他的妻子加入了中国共产党，当上了副乡长、县书店副经理。三个儿女都是大学生，都是有关部门的高级管理人才。他退休后积极参加社区、街道文艺创作，亲自导排文艺节目，被社区评为"优秀导师"，被街道评为"优秀市民"。

作者笔下的知识分子张正元、赵清澄、张正禄，崇尚学问、尊重知识、治学严谨、求真务实。执着的敬业精神、优良的学者风范铸就三位大学教授成名成才。

一个个自强不息的家庭，犹如一坛坛良苦匠心酿成的陈年老酒，迷人、醉人，留下的是清醇、浓香，留下的是家的风尚，家的灵魂。

作者心目中的"家"，是夫妻共同编织的暖窝，是摇篮，繁衍了一代又一代后裔；是港湾，是乐园，是孩子们的启蒙学校。他笔下的"家"，是老人晚年的寄托，是青壮生存的归宿。家庭成员的精神境界和人格力量在"家"里得以升华，男女老少的言语行为在"家"中受到制约，得到规范。"家"熏陶、造就了一代代新人，一辈子享受家的温暖和幸福。"家"是永远的牵挂，珍藏着幸福的存根。

《家的积淀》聚焦家庭功能，彰显了家的力量。

2021年10月8日于上海

八福人，汉诺威大学博士学位，曾任武汉测绘科技大学副教授、教授、博士导师，国家高等学校测绘工程专业核心课程教材《工程测量学》主编，享受国务院政府津贴。

第一章　老家浓情

老家，生命的摇篮，父母长期居住的地方。它承载了姓氏渊源、家族历史、人文地理和剪不断、理得清的人间浓情。

立石山沟

本书从四川省渠县板桥乡立石山沟说起。

渠县，隶属于四川省达州市，位于达州市西南部，与广安市、南充市、巴中市山水相连，属亚热带季风气候。全县总面积2013平方千米，丘陵占总面积的60%，低山占29.1%，河谷阶地占10.9%。渠江、流江河沿岸的侵蚀堆积层，形成了平坝河谷和多级阶地，故为川东北丘陵大县。截至2019年，渠县下辖37个乡镇，常住人口111.61万人。这片灵山秀水、气候宜人、物产丰富、交通便利的宝地，享有中国汉阙之乡、中国竹编艺术之乡、中国诗歌之乡、中国黄花之乡的美誉。

渠县县城北面10千米外有一个小场镇名曰板桥。板桥再往北走2千米，呈现在你眼前的是山清水秀的张家立石沟。

立石沟蜿蜒数十里，山势陡峭，高耸入云；翠柏森森，枝繁叶茂。林间，鹤鸟啼鸣；小河，流水潺潺。山沟里院落甚多，人烟稠密，许多独特的人文景观和自然风貌遍及幅员之内。

渠县境内的汉阙

张氏《谱叙》记载：湖广麻城县孝感乡的张贤公，乃赐进士出身，宋绍兴年间，由宦入蜀，来到人杰地灵的立石山沟，时经八百五十余年，繁衍后代21世。张姓新生家庭相继诞生，张氏香火越燃越旺，后代如雨后春笋，日升月恒。从11世纪到20世纪中叶（民国末年），先祖张贤公的世代传人在立石沟治山治水，改土造田，植树造林，修桥铺路，盖房建屋，繁衍后代，作出了卓越的贡献，立下了汗马功劳。他们以孝悌为先，耕读为本，立德为范，互敬互爱，和睦相处。他们在沟里修建了立石庙、张家祠堂、三洞拱桥、贞节牌坊和三条长达30千米的石板大路。勤劳朴实、正直善良的张家人把立石沟视为生存的家园，日日夜夜像生命一样呵护着。

其间，先祖张贤11世鹏舞公，字松亭，于清代道光二十八年（1848年）5月撰写了《张氏渠邑立石沟谱叙》和《祖据》。"谱叙"中有下面一段文字，记载了鹏舞公谱系相传的由衷：

　　溯我氏原籍系湖广麻城县人氏，始祖讳贤公，乃赐进士出身，宋绍兴年间，由宦入蜀，自省来渠。度其地势，相其阴阳，爱其土沃，风俗清美，遂隶籍焉。其生也荣，受朝廷之爵秩；其死也哀，列昭忠之庙祀。历代相传，至今不衰。此则吾谱中之大宗也。

贤公13世张景铭公，字筱渠，于民国十五年（1926年）冬月撰写了《上下十一房祖纂》和《克纯祖衍派》。景铭公在"克纯祖衍派"中曰：

　　兹者祗序我克纯衍派，曁前代之世系，本房之班次，详分而细列之，名曰：'张氏家谱'。惟冀我后世子若孙，报本追远，合敬同爱，逐代而续之，继述以守之，本支百世，世笃宗盟！

张氏家族后裔繁衍，支派序列多有杂乱。1926年，张氏15世举办了宗祠秋季大会，上五房的张星奎、张贡三，四房的张汝钰、张敬堂，上六房的张华堂共同修订了祖传派语，共20字：

　　文明怀汝通　天运兆兴隆　恩泽承先世　才华继美中

鹏舞公、景铭公和第15世先辈不愧是传承先辈懿德和民族文化、家族谱系的精英，其良苦用心与辛勤付出为后来《立石沟张氏族谱》的修订与编纂提供了宝贵的依据，奠定了坚实的基础。

立石沟的立石墩独特而神奇，十里八乡的张氏后裔都听过它的传说——立石沟中段的西面有很大一片坡，名曰"大山坡"。坡上奇峰突起，荆棘丛生，岩石上长满青苔，花草树木在石缝间生长，没有石板大路，只有草丛中的羊肠小道；这里，怪石嶙峋，千姿百态，有的似飞禽，有的似走兽，有的似各式各样的人物；每逢早晚，烟雾笼罩，祥云蔼蔼，胜似仙境。

不知从哪个年代起，大山坡上就矗立着六尊石头巨人，一字儿排列在山腰上，高的能与两层楼房比肩，矮的也有七八米。在那个年代，荒无人烟的大山坡上，根本见不到公路、汽车，更谈不上电力、吊车、机械设备。若干年来，当地百姓、来往官员、能人志士，一直没发现周围有石场、工地的痕迹，他们认为千百吨重的六尊石墩实属纯天然现象，绝非人工堆砌。成于何时？原于何因？难道是从天而降？人们都期待有一个科学的说法和结论，但无人考究，可能也无从考究。

然而，数百年来，一则有关立石墩的奇妙神话却在立石沟的四面八方流传：

很久很久以前，大山坡上人烟稀少，瘟疫流行。坡上坡下的贫苦百姓衣不蔽体，食不果腹，只能三五成群地采野果、挖野菜，维持原始人一般的野人生活，苦苦挣扎在死亡的边缘。

大慈大悲的玉皇大帝听说此事，恻隐之心油然而生，当即派出东南西北四路天兵下凡，命令神仙普度众生，拯救黎民。各路神仙到达大山坡后，各显神通，广施恩泽。几经造化之后，大地阳光普照，枯木逢春，风调雨顺，人民安居乐业，好一派繁荣景象。东南北三路神仙乘兴返回天庭，唯有西路神仙以"造福一方"为由，拒不回归。玉帝大怒，一气之下，玉手一挥，西路神仙顷刻之间变成六尊石头巨人，高高矗立在大山坡上。

从那以后，人们把"大山坡"改为"立石山"，立石庙、立石沟、立石村的地名也应运而生。

沧海桑田，岁月更迭。千百年来，日晒夜露，风吹雨淋，而立石山上那六尊纯天然的立石巨人没一尊倒塌，没一尊风化，依然完整地存留到20世纪中叶。

大山坡上的石头巨人

他们昂首挺胸地屹立在立石山上，日日夜夜守护着立石沟的生灵。他们初衷不改，无怨无悔，虔诚地造福一方，一如既往地点化庶民百姓，庇护张氏家族人丁兴旺，父慈子孝，心想事成。

……

立石墩的传说有着丰富的人文内涵，代表了一代又一代的张氏后裔的心愿和追求——风调雨顺，安居乐业，人丁兴旺，父慈子孝，心想事成。

而今，立石沟土地肥沃，物产丰富，盛产水稻、小麦、大豆、高粱、玉米、红苕；适宜种植花生、土烟、甘蔗、青麻等经济作物。这里风景秀丽，环境优美，房前屋后果树成片，山头地边树木林立。张氏家族的子子孙孙视自己为"立石人"，自立、自强，齐心协力建设家乡，要让立石沟、立石村成为当地最富饶的地方。

可悲的是，20世纪60年代，当地修喷灌池的几位石匠，说要就地取石材，竟然用炸药炸毁了四尊最高最大的"巨人"，剩下两尊也伤痕斑斑，濒临倒塌。呜呼！自然奇观面目全非、人文景观荡然无存！愚昧呀！愚昧的白痴对大自然给人类的恩典和实惠是难以理解的。

与立石墩齐名的是立石庙。

立石庙坐落在立石墩后面的山顶上，周围屹立着一根根高大挺拔的参天古木，就像一群威武雄壮的勇士，日夜守护着这座古老的寺庙。

寺庙不大，建筑物上呈现出各种各样的图腾，鲜艳夺目；屋脊上雕塑了许多仙人，栩栩如生。一年四季，青灰色的房瓦，杏黄色的院墙，朱红色的圆柱，金色的楹联以及神龛、菩萨、蒲团都被朦胧的雾气和香烟笼罩，寺庙早晚响起深沉而悠远的钟声，显得分外沉寂、肃穆。

走进寺门，跨过门槛，可见一口几吨重的大钟悬挂当头，凶神恶煞的哼哈二将和四大天王令人望而生畏。前方的石墙上"南无阿弥陀佛"六个大字十分醒目。登上石阶，便是寺庙的中央。大雄宝殿里，头戴黑珠、伸手张指的"如来佛祖"一年四季闪耀着佛光，观音菩萨和神态各异的十八罗汉分列两边。身披袈裟的和尚在香桌旁边打坐念经，虔诚地普度众生。

立石庙是立石沟信教徒朝佛的圣地。每到初一、十五，特别是正月初一，到庙里烧香拜佛的人络绎不绝。香客们提着装有水果、猪头、豆腐以及香蜡纸烛等贡品的篮子，一步一步地从石板路走向弯弯曲曲的山路，不顾疲劳，虔诚地向上顶攀登。他们静悄悄、有序地走进香烟缭绕的宝殿，先是摆贡品，再是上香、作揖，接着双手合十置于胸前默默许愿；然后，手心向上平放在蒲团上，双膝下跪，磕头叩拜。他们口中念念有词："大慈大悲的菩萨，保佑我家无灾无难，人人平安！""请观音菩萨送给我一个胖幺儿！""保佑我儿子今年考上好大学！"……虔诚的香客们心中有佛，信奉神灵，但各有各的心愿，各有各的寄托。

朝朝暮暮，庙中香火不断；初一、十五，庙里香客盈门。晨钟暮鼓，木鱼声声，敦促世人慈悲为怀，积德扬善；警告恶人痛改前非，回头是岸；告诫大众"善有善报，恶有恶报"。

立石庙前，立石沟底，有一条长约 10 千米的石板路。当地的老辈人说，从清朝起，这条石板路就把板桥子和青丝垭两个场镇连成一线了，沟边的老百姓赶场、做生意、走人户都极为方便。天赐一条弯弯曲曲的小河伴随石板路缓缓地流淌。河边，大大小小的绿草坪上盛开着色彩各异的小花。夏天，男人在两岸砌码头戽水，浇灌数百亩良田；女人从河里取水洗衣、淘菜、淘红薯；大娃细崽在河里洗澡、摸鱼、捉螃蟹。一年四季，牧童在河边放牛、割草、掏牛粪……沟里人尽情享受大自然的恩惠，对人工铺成的石板路与天然形成的小河更是情有独钟，倍加珍惜。

　　立石沟的南面有一座山，中间高，尖尖的，两边低矮，自然成峰，远远望去，就像一个搁笔架。不知从哪个年代起，当地人开始叫它笔架山。

　　小河由北向南，流到了笔架山前的三岔路口边，通过一座拱桥顺流而下。拱桥跨度六十多米，由大小不同的三个桥洞构成，这就是远近闻名的"三洞拱桥"。它有着上百年的历史，桥面上有亭子、木栏、

昔日的三洞拱桥

木凳、木椅。每逢赶集的日子，男女老少提着货物回家，路过这里都要在亭子里坐一坐、歇一歇。夏天的傍晚，拱桥附近的老少爷们都不约而同地来到这里乘凉、摆龙门阵、拉家常。

拱桥下的河床自然地分成两级，落差至少有10米。河水流到这里，突然向下倾泻，一年四季发出哗哗哗的响声。落差之处是一面斜坡，石板很光滑，因常年被河水冲刷，显得格外干净。斜坡下面是一个不太深的水潭，微风吹来，碧波荡漾，泛起涟漪，是游泳的好地方。每到夏天，村子里的小孩都喜欢到这儿来享受"梭滩"的刺激。

渠城北面的和乐、青丝、望江和清溪一带缺少燃料，常常有成群结队的青壮年一大早就扛着扁担、炭篓通过三洞拱桥到临巴溪去买煤炭。他们返回时，肩上挑着上百斤的煤炭，行程四五十里，肩磨红了，腰压弯了，累得汗流浃背，气喘吁吁，好不容易才熬到三洞拱桥，放下沉重的担子，坐在亭子边的木栏上歇歇气。也就在这时，给他们送饭的家人背着背篓或许已经来到亭子里，或许正在路上朝这儿赶来。挑煤的壮汉饥不择食，哪怕是菜多米少的饭团子、干红苕、萝卜稀饭，都吃得津津有味。气歇够了，肚子饱了，又继续往回赶。不同的是，他们肩上的担子轻多了，因为他们的家人从炭篓里拣去了几块大煤炭，装在背篓里，背着和他们同行。一路上，他们在盘算：把煤炭挑到集市上去卖，赚来的钱可以称盐打油，够一家人吃上十天半月。

旧社会的农民啊，就是用勤劳的双手，凭肩挑背磨种点粮食，挣点血汗钱养家糊口。他们在艰苦的环境里磨炼，有的磨炼成了名副其实的"挑儿将"，一辈子挑力为生。

三洞拱桥附近的另一道风景线是团柏树。那儿有一条土埂，土埂上有十几棵又粗又大的柏树，直的、弯的、斜的，还有成双成对的，姿态不同，各有千秋。地面上的小草、野花和一排灌木衬托着这些大树，显得格外秀丽。顾名思义，"团柏树"就是因此而闻名四周的。

团柏树在一个十字路口上。横穿东西的是一条石板大路，向东，直通李复、临巴；向西，经过三洞拱桥可达静边、青丝、和乐、望江。纵贯南北的是一条羊肠小道，向南，可达板桥、渠县；向北，可到岩峰、三板、万寿。南来北往，走东去西的客商，挑煤炭的，赶驮牛的，走亲访友的，妈妈背着娃儿回娘家的，走到这儿都要停停脚，小憩一会儿。土埂的前面是一个草坪，草坪边的石板路旁有一座土地庙。凡是带着孩子路过土地庙的老人、妇女，都要叫孩子或者替孩子给土地老爷作揖，祈求土地老爷保佑孩子肚儿不痛，平平安安。逢年过节，附近的老大爷、年轻人都喜欢在这儿聚会，有文化的人议论时局、畅谈理想、憧憬未来，别有一番意境；不识字的大老粗就只能摆谈这家那家的喜事、丑事、怪事，想到哪儿说到哪儿。

解放前，团柏树四周人烟稠密，但穷富两极分化十分严重。一位大户人家，瓦房十多间，田地几十亩，长工、奶妈、丫鬟、佣人十多个。大户人家的儿子在县城念书，暑假回到家里，百草不沾，头戴瓜皮帽，身穿长衫子，摇扇打扇地在田坎上走来走去，在众人面前炫耀自己。他家嫁女那天，一个八抬大花轿、四副滑竿、几十个抬盒、十多副包杠依次排列，加上举彩旗、撑罗伞、敲锣鼓、放礼花的迎亲队伍，足有几百米长。一路上吹吹打打，锣鼓喧天，十分气派。可就在这大户人家的大瓦房后面却住着一位姓常的女叫花子，无儿无女，孤独一身。她住的是一间又矮又小的土墙茅草房，根本不能遮风挡雨；一年四季，哪怕是严寒酷暑，穿的都是一件用麻绳连着一块块补丁的脏衣裳，而且是唯一的一件衣裳，破烂不堪，连"羞"也遮不住。她讨饭时，两条腿常被富人家的恶狗咬得鲜血长流。冬天，赤脚上长满冻疮，脓脓水水流个不停，令人恶心……

旧社会，两位女性同住一个地方，但不能同享一方水土，不能同享人间欢乐，不能同样享有人权和尊严。贫富如此悬殊，究其根源，完全是不合理的社会制度造成的。

张贤公后代修建的"张氏宗祠"是一座宏伟的古建筑，直到新中国成立初期，祠堂的人文景观还清晰地呈现在张氏族人的眼前。

祠堂始建于清朝道光十七年（公元1837年），坐北朝南，青瓦白壁、雕梁画栋、飞檐斗拱；屋脊和房面上的塑像栩栩如生，气势十分宏伟。板壁上、天花板上、横梁上、大门上的图腾崇拜物，诸如狮子滚绣球、虎啸风生、猛虎长鸣、蛟龙腾跃、祥云普照……代表着人类的信仰。张氏宗祠积淀着久远的民俗，拥有悠久的历史，文化底蕴极其深厚。

祠堂是一组四合石木建筑结构，前面是戏台，两边是厢房，中间是石坝。穿过石坝上八级石阶便是正殿，里面有一片阶梯式的神龛，上面供着张氏家族列祖列宗的灵位。石坝的左下角和右下角各有一棵又粗又大的桂花树，枝繁叶茂，葱葱郁郁。到了八九月间，桂花开放，一朵朵，一簇簇，散发着浓郁的芳香，沁人心脾。两棵桂花树的下边各有一口天井，天井中间的花台上栽种着一种名花，春夏两季，开出金黄色的花朵，可见蜻蜓、蝴蝶在花间飞舞、嬉戏。

大约在1946年，祠堂的厢房里办起了小学。在"那些年"，张家

历经沧桑的张家祠堂

第一章 老家浓情 __ 21

祠堂被视为"封资修"的场所，遭到一定程度的毁坏，但小学依然存在。2004年，祠堂因年久失修成了危房，小学搬迁到三洞拱桥附近。当年，在成都经营婚纱照的张志明先生用10万元人民币买下了这座祠堂。

2004年2月18日，正逢立春之后，更是良辰吉日，立石沟祥光普照，瑞气充盈，一派明媚春景。张氏后裔早早地来到张家祠堂，一阵辛劳之后，房前屋后干干净净，堂上堂下一尘不染，整个祠堂焕然一新。16位族人在响亮的爆竹声中，簇拥着"张氏宗祠"的金匾走向正门，把金匾高悬于宗祠门楣之上。

"天运兆兴隆"，从此，祖祠获得新生，富有生机，添了灵气；年年岁岁，庄严肃穆的金匾迎着初升的太阳光芒四射，照亮了张氏成千上万个勤劳、和睦的家庭，照亮了全体族人自强不息、坚贞不屈的心房，照亮了子孙后代脱贫致富、迈向发达兴旺的康庄大道。

立石沟的石板路伸延到南段的山岗，从一座高大的贞节牌坊下面通过。伴随石板路同行的那条小河也绕过山岗，从牌坊西侧南流。

牌坊，中华特色建筑文化之一，是封建社会为表彰功勋、科第、德政以及忠孝节义所立的建筑物。古色古香，古朴典雅；庄严肃穆，巍然耸立；选材上乘，纯手工打造，精雕细刻，工艺精湛，令人惊叹叫绝。牌坊的底座、柱子、抱鼓石、梁、匾额以及斗拱、瓦帽等都是由坚硬的大青石制作而成的，石雕狮子或貔貅成为亮点。四柱、三门、三重檐、五滴水的牌楼建筑气势雄伟，富有深刻的寓意和浓郁、奇特的文化底蕴。身临其境，中国古老的文化艺术，植根于中华民族之林的智慧与经典，定会让你感到骄傲与自豪。

立石沟的贞节牌坊是张家祠堂的附属建筑物，是朝廷敕旌节孝，昭示家族先人高尚美德，表彰封建女性对自己的丈夫坚贞不渝，一生恪守贞节而建立的。一座牌坊就是一段历史，一座牌坊就有一个故事。

立石沟上六房曾氏，丈夫早逝，一个妇道人家担起了家庭重担。她，恪守妇道，长年不改嫁；她，上敬老人，下育儿女，友爱姑嫂，和睦邻里。她的事迹在族人中传为佳话，感动了乡邻和地方官员。各级官府层层上报朝廷后，大清皇帝挥动御笔，传下圣旨——建一贞节牌坊，以彰曾氏美德，树立榜样，教育后人。

贞节牌坊大门下面的石板路是渠县到营山的交通要道，多少年来，南来北往的过客，做生意买卖的客商，走家串户的民众都得从牌坊下的大门通过。历朝历代的大小官员从这里经过时，武官必须下马，文官必须下轿，无一例外。

不幸的是，20世纪60年代，蕴含独特文化精神，中华文化象征之一的立石沟珍贵文物却被几位无知的民工毁坏，一块块青石被抬去修河堤。现在，所有的族人一想起地方古迹荡然无存，就觉得当时的行为可悲，令人感到十分惋惜。

古人云："以铜为镜，可以正衣冠；以史为鉴，可以知兴替。"

立石山沟在历史长河中的积淀，延续了几千年的传统文化、农耕文化、本土文化，孕育了立石人勤劳善良、坚贞不屈、自强不息的民族性格。

父子情深

父亲，用厚实的臂膀撑起一片天地，护着一个家，献给子女的是博大深厚的爱。儿子一步一回顾，最难忘的是父子情。

（一）

立石沟笔架山的正对面有一个张姓院子，一片瓦房里居住着八户人家。其中的三间瓦房坐东向西，人称厢房。厢房里的这户普普通通的家庭组建于1922年，至今已有百载。家的主人是一位老实巴交的张姓庄稼人，他勤耕苦种，节衣缩食，左邻右舍的后生们都称他"汝森叔"。汝森叔的妻子持家有方，心地良善，待人和气，年轻的晚辈都亲切地叫她"刘妈妈"。

厢房堂屋正面的墙壁上有一座神龛，上面供着菩萨，贴着"天地君亲师"五个大字。厢房后面是一片树林，一年四季郁郁葱葱，是放牛、割草、采蘑菇的好地方。厢房的前面有很大一笼竹子，一年四季，

立石沟边的笔架山

葱翠的竹叶掩映着这只生命的摇篮。竹子旁边有两颗梅树，每到春天，报春花盛开时，总能看到一只漂亮的喜鹊从远处飞来，在厢房上空盘旋几圈后轻盈地落在梅树的枝头，发出婉转动听的叫声。我国民间常把"喜鹊登梅"视为吉祥的征兆，象征好运与福气。

1924年农历正月初十，阳光明媚，枝头梅鹊斗艳争春。吉祥之日，汝森叔的大儿子光临人间。私塾先生说他生在正月，临近元宵，就起名张正元。

汝森叔深知读书的重要性，1931年就把大儿子送到学堂读书。从小学到初中、高中，春秋两季上学和回家，他都要亲自接送儿子。用他的话说，到学校的这条路，路边上的花儿草儿都认识他。

1940年，日本侵略者的铁蹄践踏着中国的大半河山，抗日的烽火燃遍大江南北。就在那个战火纷飞、血雨腥风的年代，这年的4月24日，"喜鹊登梅"的吉兆又一次在门前上演，厢房里一个男婴呱呱坠地。这一年是农历庚辰年，龙年，汝森叔、刘妈妈给男婴起了个乳名——"庚娃"。

1944年6月23日上午，阳光明媚，厢房明亮，勤俭门第生喜气。两只喜鹊在汝森叔家的房上盘旋几圈后，双双落在门前的梅树上，热热闹闹地欢歌了几个时辰，既像是报喜，又像是在歌唱好运与福气。第二天是当场天，汝森叔的大儿子张正元在县城领到同济大学录取通知书后，顶着烈日回家报喜，在板桥街上见到了喜笑颜开的父亲。

父亲并没有问儿子考大学的情况，说的第一句话是："昨天，家门前喜鹊登枝，你母亲又给你生了一个弟弟。你弟弟生于六月，取名张正六如何？"

正元大喜："叫'正禄'更好，他今后一定会名正言顺地领取国家俸禄，减轻家里的负担。"

"要得，就叫张正禄。你考上同济大学，又添了个小弟弟，真是双喜临门！"汝森叔的眉宇间堆满笑容，心里乐滋滋的。

青年时期的正元先生不习农事,"一心只读圣贤书",是县级中学数理化老师的得意门生。他读书用功,品学兼优,考入上海同济大学的喜讯传开后,轰动了板桥乡,轰动了立石沟,轰动了整个张氏家族。

一位老辈子说:"张汝森家里今后要出大官了!"

"他家的庚娃和正禄也是两块好料呢!""这都是他家祖坟的风水好!"……乡亲们议论纷纷,全是羡慕、赞扬的语气。

庚娃出生前,家里先有正元兄和两个姐姐,后来又添了弟弟正禄和一个妹妹。兄弟姐妹六人跟着父母过日子,一个人丁兴旺的原生家庭在整个立石沟都小有名气。汝森叔和刘妈妈撑起一个完整的家,日夜守护着平静的"港湾",就像一缕阳光,给孩子们温暖。儿女们都觉得心灵有依靠、感情有寄托,永远都不冷寂。

张家院子的旁边有两块坟地,庚娃的高祖张文钰,曾祖张明哲,祖父张怀通就在那里安息。每年正月初一、清明节,汝森叔都要带着三个儿子给先辈上香、挂坟、作揖、磕头,虔请祖先保佑孙儿们今后都有出息,拿笔杆子,当文人。

到了20世纪中叶,汝森叔、刘妈妈的三个儿子都先后成了大学生,成了拿笔杆子的文人,工作、生活在繁华热闹的大都市里。当他们安了家,有了儿孙,日子过得甜甜蜜蜜的时候,心中一直思念着自己的出生地,一直怀念着立石沟笔架山对面的那间厢房,一直没有忘记父母的养育之恩。

(二)

老家,有走不完的羊肠小道,有看不够的绿树群山,有放牛牧羊的河滩,有儿时戏水的清泉……触目所及,立石沟的那山那水那些人总在庚娃的左右。

庚娃自幼享受家庭的温暖,听从严父慈母的管教,在生命的摇篮里健康成长。他从四五岁起，就放牛、割草，参加力所能及的家务劳动，体味生活的酸甜苦辣，三洞拱桥和团柏树一带留下了他的许多足迹。

"庚娃，我们到河里去摸鱼！"辛戊儿悄悄地邀约。

"庚娃，上午割草，下午去放牛！"姐姐给他安排活计。

"放牛时不能让牛吃别人的庄稼哟！"母亲再三提醒。

"庚娃和必成、麻路华把牛拴到河边，又到河里洗澡、梭滩去了！"癞四娃远远地叫喊，似乎在向大人告状。

"庚娃"这个名字被家人和小伙伴们呼叫了整整六年，每到夏季，庚娃、麻路华、癞四娃以及村子里的很多孩子们都要到三洞拱桥去"梭滩"——他们脱掉衣裤，赤裸着身子，先到斜坡上面的石板上选点儿，做准备，或仰面朝天，或双手抱膝地蹲着，再沿着斜坡往下梭，"倏"地一下，一眨眼工夫就梭到水潭里。随后，便是一阵爽朗的笑声，每个人都感到特别刺激。

下午，斜阳西下，庚娃总是喜欢到河边的草坪上去放牛，因为那里比较开阔，牛很难吃到田地里的禾苗。自己虽然置身于山水之间，绿茵地上，却是独自一人，感到十分寂寞，只盼早点回家。无聊之时，他望着西边，太阳似乎被空中的什么神仙拉着，落得特别慢。

年幼稚嫩的庚娃卧在草坪上，双手托着下巴，眺望蓝天白云，再目视田地里的农夫和大路上挑煤炭的苦力，不自觉地产生一连串的遐想：我长大了做什么呢？种田吗？挑力吗？……一个个问号从脑袋里冒了出来。

"不！我要读书。"他很天真，心中暗想：今后当一位教书先生，拿笔杆子，当文人，也像大户人家的子弟一样，头戴瓜皮帽，身穿长衫子，摇扇打扇地在田坎上走来走去。

"读书，拿笔杆子。"年幼的庚娃心中早早地埋下了当文人的种子。

1947年春，汝森叔把二儿子送到张家祠堂去念书，庚娃读书的心愿如愿以偿。老师按张家的字辈和他出生的年号把乳名"庚娃"更为张通庚。这个名字一直叫到参工、结婚……一直叫到晚年。

那年头，汝森叔和刘妈妈一心要为三个儿子各建一座房子，千方百计节省一切开支，根本舍不得花钱给儿子买比较好的学习用具。所以，通庚写字用的本子不仅粗糙，而且发黑，运笔极不方便；磨墨用的"砚台"是从瓦砾中找来的碗底；装学习用品的也是一个半新半旧的小竹篮。这些，通庚都满不在乎，毫不嫌弃。每天吃过早饭，他心里揣着"读书，拿笔杆子"的志向，提着小竹篮，穿过小平桥，高高兴兴地朝学校走去。

在上海同济大学读书的张正元听说二弟上学念书了，万分高兴，经常寄信回家，希望父母多多关心通庚的学习，并叮嘱弟弟要听从父母管教，在学校听老师的话，认真读书，好好写字，取得好成绩。

夏天的一个晚上，汝森叔、刘妈妈好像早就商量好了，提前吃完晚饭，就把堂屋里的八仙桌抹得干干净净，叫通庚把装着书本的提篮放到桌子上。刘妈妈提来一个灯台，置于八仙桌的边角上。灯台的座子是一节直径约12厘米的竹筒，大约40厘米高，底座锯得很平，上端留着小碗口那么大的一个竹窝。一只盛着桐油浸着几根灯草的铁灯盏搁在竹窝上，就成了一盏农家照明"台灯"——把拨到灯盏边沿的灯草点燃，豆大的灯火就给屋子带来了微弱的亮光。

夜，朦胧而沉寂，静得能听到微风吹拂树叶发出的"沙沙沙"的声音。一轮明亮的圆月在空中遨游，皎洁的月光给宁静的厢房和房前的竹林、梅树撒下了素洁的光辉。孩子们的欢声笑语听不见了，可爱的小狗已进入甜甜的梦乡，小鸟在自己的窝里和妈妈一起欣赏着美丽的夜色。厢房前的水塘边不时传来几声蛙鸣和蟋蟀的叫声，犹如动听的歌曲给宁静的夜晚添加了无穷的乐趣。

年仅7岁，才上4个多月学的通庚按照父亲的吩咐，规规矩矩地坐在灯台右边，不声不响地从竹篮里拿出课本、写字本，端端正正地放到桌上。看上去，心里有点紧张。

汝森叔坐在靠近通庚的另一方，手拿一根细小的竹签把燃着的灯草向外拨了拨，桌面上顿时亮了许多。他轻轻地翻开课本，叫儿子把第一课读给他听。

"一二三四五，马牛羊狗猪。"通庚伸出食指，指着第一课的十个汉字，一字不落，清清楚楚地读了一遍。

刘妈妈笑了，拿着一把篾巴扇不停地为爷儿俩驱赶夜蚊子。

汝森叔没想到，儿子竟然读得完全正确，读得又十分流利，又迅速地翻到第八课，叫儿子再读。

小小通庚不慌不忙，沉着镇静，提高嗓门，很自信地把"上大人，孔乙己，化三千，可知礼，八九子，七十士"读给父亲听。

汝森叔听后，满脸堆笑，认为儿子有出息，没有辜负他的希望。那时，他拿不出什么好东西奖励儿子，只是高兴地说："你乖！读得好，赶得上你哥哥！"

见了父亲那股兴奋劲儿，通庚全身都轻松了。"写不写字呢？"他细声地问。

"咋个不写呢！读得好、写得好才算真正能干！"刘妈妈的话是相信自己的二儿子，"我去打水！"她端起碗底"砚台"去灶屋里添了点水，快步回到桌前，一个劲儿地磨墨。

通庚连忙拿出用粗糙的草纸订成的字本，摆在自己胸前。他右手执毛笔，在碗底砚台里蘸了蘸墨，等待父亲"考试"。

当时，汝森叔根本不懂得什么是"听写"，心想，只要儿子看我指着的字能一边念一边写好就算不错了。于是，他从课本中任意找出10个字让儿子"依葫芦画瓢"。不到十分钟，本子上"大千九化牛米吃羊马儿"10个字就工工整整地展现在了汝森叔、刘妈妈面前。

汝森叔、刘妈妈喜笑颜开，心里乐得像开了花似的。"通庚，你好好读书，考上初中后，你爹会像送你哥哥那样，亲自把你送到县城的学校里。"刘妈妈把温暖洒向儿子，给儿子鼓劲，给儿子承诺。

夜，万籁俱寂，热气还未散尽，汝森叔领着儿子回房屋睡觉。爷儿俩赤裸着上身躺在篾席上，心态都很平静。父亲拿起篾巴扇，扇呀，摇哇，阵阵微风驱散了热气。儿子享受父亲送给的凉爽，不一会儿就进入梦乡……

1950年春季，通庚读小学四年级上学期，学校来了一位姓段的男老师。他家住在板桥街上，而且开了个小小的饭馆。"六一"儿童节那天，段老师提着满满一袋肉包子到学校，开完庆祝会后，把香喷喷的肉包子一人一个发到每位学生手里。由于通庚学习成绩好，又是老师的小助手、班上的干部，段老师特地给他发了两个。通庚喜出望外，连忙把两个肉包子放进衣兜。肉包子的香味一阵又一阵地扑鼻而来，他馋得直流口水，把包子看了又看，摸了又摸，可怎么也舍不得吃。因为他曾听到很多大人说过，"细娃儿不能吃'独食'，不能光顾自己"。他也在暗想，要是把两个肉包子拿回去分给全家人吃，爹妈一定会高兴。好不容易盼到放午学，通庚兴致勃勃地"飞"回家里，笑嘻嘻地把两个肉包子送到母亲面前。母亲问明缘由后，把两个包子掰成几块让全家人分享。汝森叔边吃边想，儿子懂事了，晓得顾家了，有了好吃的东西都能想到他人……他乐不可支，脸上露出了难得的笑容，从二儿子身上看到了希望。

秋季，通庚第一次跳级，没有读四年级下学期就直接升入板桥小学高年级了。

（三）

1951年，汝森叔已在同济大学教书的大儿子张正元结了婚、安了家，膝下孩子中的第一个小家庭在上海组建，并且给他添了第一个孙子。大儿子常常给家里写信、寄钱。汝森叔每次收到挂号信，取到钞票时，都特别欣慰，内心的喜悦简直无以言表。当时，他不懂得教育是产业、是资源。但他听说过"书中自有黄金屋，书中自有颜如玉"，懂得"穷不丢猪，富不丢书""家无读书子，官从何处来"，知道一个人可以用学问改变自身的命运。

这一年，汝森叔把幺儿张正禄送进了张家祠堂，接受启蒙教育。

汝森叔和刘妈妈意识到送儿女读书的好处后，观念开始转变，不再追求为三个儿子各建一套住房，心里的压力减轻了许多。他们开始把希望寄托在二儿子通庚、小儿子正禄的学业上，期望老二和老三也能像老大那样刻苦读书，将来找到工作，自己挣钱，自己兴家，也不向他们要房子、要家产。

汝森叔算是有点学问的人。但包括长子张正元在内的全家人都不知道父亲到底读了几年书，只听母亲说过"你们的祖父是举人，你们爹是向你们祖父学的"。通庚读高小的那一年，家里门上的古诗——"黄鹤楼中吹玉笛，江城五月落梅花"让他洞悉到父亲的文化素养。

的确，汝森叔特别喜欢中国传统耕读文化和民间文化，对天干、地支、六十花甲、二十四个节气都能倒背如流。

也就是从1951年起，汝森叔在家里设课堂，自己任教师、编教材，培养通庚就像师傅带徒弟一样，使出"十八般武艺"，耐心地给予教导。

晴天，地里的农活该干的都干了。雨天，汝森叔就在自己家里的四方桌上教通庚学文化。把天干、地支、二十四个节气和一些谚语、俗语、警句、至理名言写在草纸上，就像是课本，让儿子一边读一边记。诸如：

（一）甲乙丙丁戊己庚辛壬癸
（二）子丑寅卯辰巳午未申酉戌亥
（三）春雨惊春清谷天，夏满芒夏暑相连，

秋处露秋寒霜降，冬雪雪冬小大寒。
（四）甲子乙丑海中金，丙寅丁卯炉中火，
　　　戊辰己巳大林木，庚午辛未路旁土。
（五）清明前后，种瓜种豆。
　　　处暑（种）荞子白露（种）菜。
　　　胡豆种在寒露口，一升打一斗。
（六）不当家不知柴米贵，不养儿不知父母恩。
　　　为人不做亏心事，半夜敲门心不惊。

丰富的人生经验，老祖宗的智慧，在通庚心上留下了深深的烙印。

汝森叔特别喜爱的一种艺术语言是俏皮话（歇后语），常常把搜集在草纸本上的俏皮话念给儿子听。他一边念一边哈哈大笑，这是他最快乐的时候。通庚12岁那年，就能背诵三十几条，其中有：

　　擀面棒吹火——一窍不通
　　土地老爷吃胡豆角——将就年岁
　　沙地里的萝卜——一带就来
　　财神爷吹牛——有的是钱
　　胖婆娘的裹脚——又臭又长
　　拜年的嘴巴——尽说好话
　　顶起碓窝耍狮子——费力不好看

文化氛围浓厚的家庭是出人才的好地方。汝森叔知书识礼，善于积累，向儿子传授民族文化知识，对儿子后来真正成为拿笔杆子的文人起到了有力的促进作用。

五年级上学期学年考试，通庚学习成绩名列前茅，上了红榜。那时，上学读书是交"学米"。假期里，通庚用碓窝舂谷子，好不容易才凑齐5斤白花花的大米。下学期开学那天，刘妈妈用布口袋把米装上，让儿子提到学校去报名。万万没有想到，学校老师说通庚是榜上有名的优秀学生，免交学米。通庚高兴得眉飞色舞，心里乐滋滋的，中午一放学就兴高采烈地提着5斤白花花的大米回了家。汝森叔见了，眼前一亮，似乎见到了一片曙光，高兴地说出一个歇后语：玉皇大帝下请帖——喜从天降。

从那以后，汝森叔用他深沉而伟大的父爱滋润着儿子的心田，他对通庚的学业十分关心，一旦赶集，就约儿子中午从学校出来，到街上去吃一个"小冒儿头"（一碗冒尖的白干饭）。

汝森叔活了大半辈子，赶场过街至少也有一千多回。每次赶集，不是卖粮食，就是卖鸡蛋什么的，身上的包里都有钱，可他从没有在街上的馆子里喝过一次茶、饮过一杯酒、吃过一顿饭。他为什么舍得买白干饭给儿子吃？不仅仅是因为儿子学习成绩名列前茅，上了红榜，免了学米，更是因为他觉得儿子一年四季吃青菜萝卜稀饭，很少沾油水，还能为家里争光、为自己争气，实属不易，做父亲的没让儿子过上好日子，内心有愧，要给儿子一点补偿。他坐在旁边，一言不发，守着儿子把那碗白饭吃完后，愧疚的心情才慢慢得以释放。

通庚边吃边想：父亲那么节俭，还拿钱买白干饭给我吃，是希望我继续努力，今后能像大哥那样有出息，有学问，也拿笔杆子。

父爱是深沉而无声的，犹如滴滴甘露悄然无声地滋润幼苗。一碗白米饭里蕴含着浓浓的父子情。

（四）

1951年冬，未满12岁的张通庚第二次跳级——高小只读了三学期就考上了渠县第二初级中学（春季班）。

第二年春季，渠二中学开学那天，汝森叔像当初送大儿子上学一样，担着一个旧箱子、一床破棉被、一张篾席子送二儿子上学，通庚用背篼背着衣物、文具跟随其后。到了学校，报到、交费、注册之后，他又亲自为儿子整理床铺。因为报到那几天学校不上课，父子俩办完手续就急忙回家。谁知走到城里的大街上，却发生了一件意想不到却又特别有趣的事。

这一天正逢当场，渠城南门大街上赶集的人熙熙攘攘，拥挤不通。汝森叔前面走，通庚后面跟。突然，通庚觉得有人挤来，就往右边一让。可没想到，就是这一让，小背篓上一根伸出的篾条把一位中年男子的上衣划了一道约三厘米长的小口子。

那位中年男子一把抓住通庚的背篓，不依不饶："你把我的衣服划破了，怎么办呢？"他生气地说，"今天，我不得让你走！"

通庚不知所措，默默不语，感到十分尴尬。

中年男子不停地唠叨，责备、埋怨的话语一串串地倒了出来。

几位赶场的大爷听了，驻足观看；周围又来了几位看热闹的人。

53岁的汝森叔回过头来，渐渐向通庚靠近，不露声色，静观其变。

一位大爷似乎认识那位中年人，带着调解的语气说："老弟，他是个小孩子，又没有大人一道，你不让他走，等到天黑他也赔不出钱来。"

"算了！算了——"围观的人异口同声。

"这个小娃儿也不是有意的，你就原谅他吧！"另一位大爷劝告那位中年人。

站在一旁的汝森叔眼看时机已经成熟，以过路人的身份，一本正经地提醒通庚："这位小老弟，你没有钱赔，向这位叔叔赔个礼道个歉不就对了！"

通庚心领神会，规规矩矩地向中年男子行了一个礼。

那位中年男子见周围的人都为通庚圆场，气渐渐消了，抓背篓的手也慢慢放了下去。

通庚如释重负，从人群里挤了出来，头也不回，不声不响地向前走去。走了好长一段路，才见父亲远远地跟在他的后面。

通庚读初中的3年里，大姐出嫁；二姐到上海大哥家学文化，他成了父母亲的精神寄托和劳动小助手。他曾经跟着父亲栽秧、薅秧、收稻谷；也曾跟着父母收胡豆、豌豆，扯豆子，翻苕藤，把挖出的红苕背回家。干得最多的是在炎热的夏天和父亲一起下田收稻子。

汝森叔一边教儿子干农活，一边教儿子学习专门为他买的《增广贤文》。

《增广贤文》最早见于明代万历年间。这部数千字妙文的内容大多数都源于经史子集、诗词曲赋、格言、谚语、戏剧小说和文人杂记等。全书或上下联对，或成段押韵，读起来抑扬顿挫，朗朗上口。此书围绕人际关系、处世、命运、对读书的看法等内容讲述了为人处世、待人接物、治学修德等方面的道理，通俗易懂，意蕴无穷……这就是汝森叔严格要求儿子读、记的理由。

下雨天，风追着雨，雨赶着风，风和雨联合起来追赶着天上的乌云。天上的雨点像筛豆子似的往下直掉，整个天地都处在雨水之中。雨点掉在屋面上"嘀嗒嘀嗒"，就像奏着打击乐。雨下到水塘里，水面上立刻泛起一朵朵水花。地里的庄稼、山间的绿树享受着雨水的滋养，显得更有生机。空气里也带有一股清新湿润的香味。汝森叔觉得在家闲着无趣，是教儿子读书的好时机，便亲自督促儿子读《增广贤文》。他先教儿子读，再让儿子记，然后他说上句，叫儿子接下句。诸如：

    光阴似箭，日月如梭。
    善有善报，恶有恶报；不是不报，日子未到。
    在家不会迎宾客，出外方知少主人。
    知音说与知音听，不是知音不与谈。

美不美，乡中水；亲不亲，故乡人。

大晴天是打谷子、晒谷子的好天气，父子俩得下田收稻谷。到了稻田，通庚一个人割稻子，汝森叔一个人在四方形半桶里的架子上脱粒。"咚——咚——咚——"，打谷脱粒的响声犹如"打烧香鼓"，不停地在四周回响。

过了一会儿，汝森叔对儿子说："读了《增广》会说话，我们一边收稻谷，一边学贤文，既可以消除疲劳，又可以增长知识，要不要得？"

"好！要得。"儿子欣然同意，"我每天割谷子都学几句，多好哇！"

汝森叔一边脱粒一边教读，通庚一边割稻子一边听，一边念，一边记：

人无千日好，花无百日红。
一年之计在于春，一日之计在于寅，一家之计在于和，一生之计在于勤。
常将有时思无时，莫把无时当有时。
听君一席话，胜读十年书。

那时，对十多岁的通庚来说，有一些话语不完全理解。后来，他在学习、生活中接触到并懂得其中的意思后，才渐渐体会到：父亲用心良苦，是在教儿子堂堂正正做人，老老实实做事；书面上、口头上、生活的旋律里，为人处事的细节中，处处可见人生的学问。

通庚和父亲一起生活、劳动，处处留心、认真学习，知识和学问暗暗渐长。通庚的心里，家园是精神深处一道永不褪色的风景。时光流逝，岁月轮转，思乡思家之情便成为一盅陈年老酒，耐人寻味。多少人和事来了又去，去了又来，可通庚梦醒时分和最美的记忆里，依然是可爱的家园，可敬的父亲。

通庚在渠县第二中学读书3年，不仅学到了一定的基础知识，而且学会了唱歌跳舞，和少先队员一起演过歌剧《懒汉与庄稼》《活捉蚌壳精》，表演过快板《郑成功收复台湾》……下晚自习的钟声响过之后，各班都响起了当时最为流行的《草原牧歌》，他先是跟着哼，后来也情不自禁地唱起来：

　　百灵鸟双双地飞，是为了爱情来唱歌。
　　大雁在草原上降落，是为了寻找安乐。
　　啊哈，嗬咿——
　　我们努力地工作，是为了幸福的生活。
　　……

1953年暑假，学校组织返乡学生上街宣传党的中心工作。笔架村的老师知道通庚会唱歌，每次宣传都让他参加。要知道，当时没有伴奏，没有音响和话筒，只能清唱，要是嗓子不亮，声音不大，是很难压住台，吸引观众的。

一个赶集的日子，板桥乡的三条街上热闹非凡，叫卖声、招客声、呼唤声此起彼伏。汝森叔卖了粮食，听到街中心的三岔路口有人在用广播筒招呼拥挤的群众，便向前靠近，站在人群外围。不一会儿，他就看到自己的儿子穿着白衬衣，戴着红领巾，站在一条高板凳上，面对黑压压的一大片乡亲，放声高唱《新盘歌》：

　　……
　　盘歌，唱出口，
　　好似那江水流，
　　自从土地改革分了土地，
　　千家万户又丰收。

歌声在街头荡漾，在听众的心头流淌。乡亲们听得入了神，忘记了购物，忘记了会友，忘记了回家……

汝森叔身边的一位大娘笑嘻嘻地夸奖："这娃儿的歌声甜美，比女孩子唱得都好！"

"他12岁就进初中，每次街头宣传都少不了他！"一位年轻人说。

"不用说，以后一定是文化人，音乐将成就他的人生。"

"他爹妈要是晓得了，不知有多高兴！"

"这么乖的娃儿，家里有十个八个都不用愁。"

看热闹的群众七嘴八舌地议论着，汝森叔越听越高兴，越听越自豪。

当天晚上，汝森叔把群众赞扬儿子的话语说给全家人听。刘妈妈越听越高兴，但和汝森叔一样，不懂得"音乐将成就他的人生"这句话的含义。

3年里，父亲一路相伴，耐心指点，言传身教，潜移默化，留给通庚的是终身受益的高贵德行和宝贵经验。

在通庚的心中，父亲是一位有学问、有素养的家庭教师，是自己的引路人。

家国情怀

"家国情怀"的时代价值在于发扬爱国主义精神、增强民族凝聚力、建设幸福家庭、提高公民意识。汝森叔心系国运,心系教育,立家为国的家国情怀让生命闪烁着耀眼的光芒。

(一)

汝森叔枯黑、干瘦的脸上布满了像沟壑又如车辙似的皱纹,深陷的眼睛露出期盼恳切的目光,像是在等待美好的未来。犹如耙犁一般的大手布满老茧,显得干裂、焦灼。满头的长发,稀疏的胡须,无不留下饱经风霜的斑痕。他上身穿着一件补过的、满是泥斑的短衫;下装很短,连腿肚子都遮不着。他长年累月光着头,打赤脚;夏天总是裸着上身下地劳动,细小毛孔里渗出的汗珠不知滑落了多少……

汝森叔夙兴夜寐,犹恐忘先人之业。

他跟大多数从旧社会走过来的农民一样,自从有了正元、通庚、正禄三个儿子,随时都想到儿子长大成人之后要分家门立家户,新的家庭就得诞生。因此,给三个儿子挣点房产、家产,攒点钱,是汝森叔和刘妈妈的奋斗目标。

家里没能力也没有时间经商,挣钱的门路只有种粮食、搞副业,勤俭节约、省吃俭用。赶集的日子提一小袋粮食上街去卖,母鸡下的蛋拿去卖,母猪下的崽喂大了拿去卖;千瓢食万瓢食喂出肥猪宰杀之后除了留下内脏、猪头、猪蹄,大块大块的肥肉也要拿去卖,目的是千方百计挣钱兴家。

"老房子"是通庚的第二个家

1945年,通庚的三叔去世,三娘改嫁,作为幺房的汝森叔用辛辛苦苦挣下的血汗钱买下了他三哥的产业——"老房子"和4亩田地。

1950年6月28日,中央人民政府委员会第八次会议讨论并通过了《土地改革法》,于当月30日公布施行。《土地改革法》规定:"废除地主阶级封建剥削的土地所有制,实行农民的土地所有制,借以解放农村生产力,发展农业生产,为新中国的工业化开辟道路。"

土地改革是中国人民在中国共产党领导下,彻底铲除封建剥削制度的一场深刻的社会革命,是我国民主革命的一项基本任务。从1950年冬开始,各地政府都派出土改工作队深入农村,访贫问苦,培养积极分子,逐步把群众发动起来,建立以贫雇农为核心的农民协会,作为土改执行机关。随后,进行划阶级,开展对地主阶级面对面的斗争,揭露他们的罪恶,打垮他们的威风。

在这场运动中,汝森叔家被划为富农。刘妈妈认为当家的是老实巴交的农民,自力更生、艰苦创业,全凭劳动起家;没有剥削,没有请过长工,没有欺负过穷苦老百姓。她到村公所讲理讲法,说自己家虽然田地多一点也只能是中农。然而,农协会说他家人均土地和房产超过了中农水平,还说什么"贫农也是农,中农也是农,富农也是农!"刘妈妈无奈,只好认了。于是,三间厢房被征收,一家人只好搬到几年前买的"老房子"里居住。从此,汝森叔再不想买房子挣家产,而是继续挣钱供儿读书,让通庚和正禄以后都有出息。

这一年，立石沟的劳苦大众和全国人民一样，载歌载舞欢庆解放，欢庆中华人民共和国成立。三八妇女节，五一劳动节，八一建军节，十一国庆节，村上农民协会、妇委会都要组织男女青年穿着整齐的服装，敲起响亮的锣鼓，扭秧歌、打连厢，上街游行。各个街口都用竹子、柏桠和五颜六色的纸张扎成高大的牌坊，对联的意义非常深刻：

> 物换星移，万里山河尽归人民所有；
> 眉开眼笑，五亿人民共祝祖国新生。

通庚和村子里的干部群众一起欢庆解放，学会了打秧歌锣鼓、打金钱棍（连厢），学会了跳小秧歌、大秧歌，学会了唱花鼓调和连厢词。

有的人打秧歌锣没有节奏，使扭秧歌的人无所适从，乱了脚步。通庚打秧歌锣不仅节奏鲜明而且能按八个节拍打出不同格调。

打连厢的队员一般只能合唱衬词，不会领唱，也记不住领唱的歌词。而通庚却能把领唱的歌词记得滚瓜烂熟，拿起铁皮做的话筒领唱。例如：

> 领：人民翻身得解放啊，　　齐：柳呀么柳连柳呀！
> 　　贫下中农喜洋洋嘛，　　　　荷花闹海棠（得儿）一朵梅花
> 领：打倒地主分田地呀，　　齐：柳呀么柳连柳呀！
> 　　劳苦大众笑嘻嘻嘛，　　　　荷花闹海棠（得儿）一朵梅花

所以，村里的秧歌队、连厢队每次到板桥街上去游行、比赛都要安排通庚打秧歌锣，领唱连厢词。

小小年纪的通庚能歌善舞，引起村民纷纷议论。有的说："这娃儿是立石沟汝森叔、刘妈妈的二儿子，小名叫庚娃，很有天分！"有的说："庚娃的胆子大，记性好，从小就跟共产党走，今后一定有出

息。""可惜他家成分不好,是富农,不晓得以后如何!"一位大爷很担心通庚的前途。

当时,年仅11岁的通庚,只知道土地改革的路线和政策是依靠贫农、雇农,团结中农,中立富农,没听说富农有哪些不好。他根本不会想到,也不可能想到富农家庭后来会如何如何,完全没有想到富农出身会影响个人前途甚至连自己的子女都会受到牵连。所以,他完全不在乎别人说他家成分不好,除了认真读书外,仍然积极参加村子里的文娱宣传活动。

在一些人的眼里,唱唱跳跳并不算什么学问,但通庚爱好音乐和文艺活动的天赋却为他以后的工作创造了不少有利条件,让他从很多困难中走了出来。

汝森叔,一位普通农民,不懂得什么是"全面发展",什么是个性、特长,更不懂得为什么要发挥孩子的特长、如何培养孩子的爱好。但他有眼光、有觉悟,看到儿子干的是人民政府的工作,村里需要他,干部、群众相信他,小小年纪就能为国家为人民办事,心里就高兴,就一个劲儿地支持、鼓励。

(二)

汝森叔虽然出生在旧中国,但深明大义,懂得大国与小家的关系,每一年,他都按时按量缴纳公粮和税收,热爱祖国的实际行动十分感人。

1951年6月1日,中国人民抗美援朝总会发出了捐献武器的号召,号召全国各界爱国同胞用新增收入的一部分或全部购买飞机大炮等武器捐献给志愿军。号召一经发出,应者云集,全国各行各界的爱国人士都积极投身到这场爱国捐献热潮中。

汝森叔听了"抗美援朝保家卫国"的宣传教育后，知道有国才有家，便慷慨解囊，把5万元人民币（相当于第二套人民币的5元）捐献给国家购买飞机大炮。

1953年，随着中华人民共和国前进的步伐，板桥乡的邮电通信事业也突飞猛进。乡政府动员村民捐树做电杆的消息传开后，汝森叔积极拥护，第一个报名捐献。因为他对邮电通信给人民带来的好处和邮差工作的辛苦都有切身体会。

汝森叔的大儿子张正元考上大学那年，板桥乡的两位邮差拿着上海同济大学的"录取通知书"，放着鞭炮到汝森叔家报喜。

"老太爷，你儿子考上大学了，恭喜，恭喜！"接着，礼毕恭敬地递上"录取通知书"。

汝森叔喜笑颜开，接过喜报，按惯例给两位邮差发了喜钱。

从此，汝森叔给儿子寄信，都要亲自交给邮差或丢进邮箱里；收信件是邮差免费步行送到家里；到1954年，他和邮递员、邮箱、邮局打了不少交道，多次从邮局取到了儿子寄回的人民币。由此，他对人民政府的邮电通信事业怀有深厚的感情。

一天上午，汝森叔带着两位后生到自家的地边选树，左选右选，左看右看，看上一根笔直的柏树后便立即砍下，剔去树枝，剥去树皮后赓即就往街上的邮局抬。到了邮局门口，局里的领导和职工热情接待了汝森叔，对他的爱国情怀赞不绝口。

没过多久，立石沟石板路旁边竖立起了一根根电线杆。电线杆之间连着的几痕细线平行地通向远方，偶尔可见几只燕子在细线上小憩，活像西洋的五线谱。

赶集的时候，汝森叔看到一根根电线杆中那笔直的一根是自己捐献的，就心满意足。他放眼远眺，一长排对成一条直线的电杆延伸到很远很远……他似乎听到楼上楼下的电话在响，山头上的高音喇叭在歌唱；似乎看到楼上楼下的电灯亮了，自己的儿子就在灯下做功课……

通庚在板桥小学读高小的第二年，汝森叔到街上粮食亭卖粮食时发现板桥小学礼堂后面的一条阳沟里垫满了泥沙，每逢下大雨，阳沟里的积水就往礼堂里渗，导致礼堂的地面相当潮湿。

谁也没想到，大年初二那天，汝森叔竟然扛着锄头，挑着畚箕，带上中午吃的干粮，到板桥小学的礼堂后面去清理阳沟里的泥沙。上午，他一个人挖，一个人挑，把阳沟里的泥土一挑一挑地运到较高的空地里。中午，他一边休息，一边吃口袋里的苞谷泡（玉米花）、苕果什么的；下午，又继续挑，一直忙到天黑，才把阳沟清理得十分通畅。

学校的校长、老师知道后，写了一则新闻刊登在街头的黑板报上，夸汝森叔胸襟开阔、人性向善、热爱学校、关心教育。

一位老师意味深长地说："懂教育、有心计的人才能做出这等好事！"

20世纪50年代，一位普普通通的农民能想到国家，想到抗美援朝，想到邮电事业，能想到学校地面潮湿对师生健康有影响，的确难能可贵，让人肃然起敬。要是每个中国人都有如此义举，何愁国家不富强？

（三）

1953年10月16日，中共中央发出了《关于实行粮食的计划收购与计划供应的决议》。"计划收购"被简称为"统购"，"计划供应"被简称为"统销"。这一政策取消了原有的农业产品自由交易市场，对稳定粮价和保障供应有一定作用。

统购统销，就是借助政权的强制力量，让农民把生产的粮食卖给国家，全社会所需要的粮食全由国家供应。城镇人口每家一本粮证，每月凭粮证买粮。

一向老老实实，按规矩办事的汝森叔听了有关统购统销的宣传后，首先想到了全中国像大儿子一样的教师，像二儿子一样的学生天天要吃饭；尤其想到了保家卫国的官兵，各级政府单位的干部职工一年四季要吃很多粮食；想到了没有种地的城镇居民……都靠计划供应，国家必须储备足够的粮食。他对统购没有丝毫抵触情绪，准备到时就把家里实有的余粮卖给国家。

村里有一位姓张的干部，长着一脸麻子。他心术不正，唯利是图。张麻子经常看到汝森叔上街卖粮食，又听说汝森叔的儿子每月都要寄钱回家，认为他家有钱，便产生了邪念。

1954年冬，一个赶集的日子，张麻子在路上遇到了汝森叔的二女儿，假惺惺地说："二姑娘，村里算下来，你家要卖一千多斤余粮，我好说歹说才减到1000斤。"他眨巴着眼睛，眼珠子转了几圈，"我想想办法，看能不能再少点。"

张麻子醉翁之意不在酒，他想趁机敲诈汝森叔家的钱财。

汝森叔的二女儿回家后，把张麻子的原话给父亲说了一遍。老实巴交的汝森叔屈指一算，就是全家人不吃不喝也凑不上那个数啊！他第一次感到无助、绝望，成天除了忧愁还是忧愁……惜财如命，在路上看到一颗豆子都要捡回家的汝森叔，凭勤劳与节俭起家，不管咋的，都舍不得把自己的血汗钱送给不劳而获的"吸血虫"，更不愿巴结恶人。然而，他误认为自己成分不好，要是卖不齐余粮，不但自己会被批斗，儿女也会受牵连……他被吓得心神不定，魂不守舍，精神濒临崩溃，终于一天早上用一把宰猪草的大刀自刎了，在自己用血汗钱买来的老房子里只住了5年就与世长辞。这一天，通庚在学校读书，未能给父亲送终。

精神上受到沉重打击的刘妈妈悲伤至极，痛不欲生，想起蒙受不白之冤的当家人，想到两个儿子的学业和两个女儿的婚嫁将由她独自承担，脸上就布满愁云，不知暗自流下了多少辛酸的泪水。

一个完整的家破碎了，留下的是冷寂、悲凉。

周六下午，听到噩耗的张通庚含着辛酸的眼泪回家。刘妈妈看到二儿子，痛苦的泪水再次夺眶而出："你爹死得……冤枉啊！去……去坟堆前磕几个头吧！"

通庚含着泪水到父亲的坟前跪下，面对黄土，似乎看到了父亲慈祥的脸庞和风里来雨里去的身影，似乎听到了父亲的谆谆教诲。父亲送他读书，教他读《增广》，教他割稻子、薅秧、收粮食……一幕又一幕，不停地在眼前浮现。他边哭边想：要是哥哥在家给他讲道理，要是自己在家安慰他老人家，也不至于……他越想越痛苦，眼泪代替了嘴巴说不出的悲伤，不停地作揖磕头。

夜幕降临，刘妈妈一把鼻涕一把泪地把儿子牵回了家，叮嘱儿子好好读书，不要辜负父亲的期望。

通庚失去了最崇敬、最有学问的父亲，失去了言传身教的第一任老师，感到失落、悲哀，回到学校后，脸上没有了笑容，再也没有心情唱那支《草原牧歌》了。

晴天霹雳，噩耗使立石沟的百姓感到惊讶、惋惜、愤慨。

笔架山低头默哀。它再也见不到田野里那位风里来雨里去的勤勉庄稼人了，再也见不到那位忠厚的，给国家交公粮，给邮电局献电线杆，为学校疏通阳沟的老实农民从山前经过了。

汝森叔耕种过的土地被罩上了一层青纱，显得格外肃穆。"农友们"静静地站着，默默地致哀，悲痛的内心在呐喊——"阎王爷，不公平呀！"

汝森叔在统购统销中不明不白地死去，引起乡、县两级政府的高度重视，直接派了两位同志到村里和刘妈妈家进行调查。刘妈妈的二女儿含着眼泪把父亲如数缴纳公粮税收，为抗美援朝捐款，给邮电局捐电杆树，愿意卖余粮等事情一五一十地讲给两位同志听，并揭发了张麻子瞒上欺下，谎报数字，索取贿赂的不法行为。

没过多久，那位造谣惑众，歪曲统购统销政策的张麻子受到了法律的制裁。张麻子被捕那天正逢赶集日，两位雄赳赳气昂昂的民兵押着罪犯游街示众。赶集的群众知道根由后都非常愤怒，有的骂他不是人，有的向他吐口水，有的说汝森叔死得实在冤枉。

恶因招恶果，报应啊！昧着良心做坏事的人最终没有好下场。

（四）

1955年春，不到15岁的通庚初中毕业，在家劳动半年，要等到秋季招生才能参加升学考试。谁知当年中等学校招生人数很少，初中毕业生的升学率不到10%，通庚和一大批同学被上一级学校挡在门外。

刘妈妈失望极了，看着儿子成天闷闷不乐，看着尚未成人的通庚下地劳动累得满脸通红、汗流浃背，她就心疼，流泪……

一天又一天，通庚在田间干活时，总觉得有一个熟悉而高大的身影在陪伴他，开导他；父亲勤耕苦种的一幕又一幕，不断地在他的眼前浮现。每当他想起父亲用勤劳的双手生产出粮食养家糊口，用勤劳和节俭挣钱送他们去读书时，就觉得劳动有意义、有价值，并不丢人。他决心像父亲那样不辞辛劳，勇于担当，为母亲分忧。

青山多画意，春雨润诗情。绿油油的麦苗在春风的吹拂下卷起一道道波浪，仿佛在向他招手。巨大的责任感在通庚的心底涌动，升腾。

年仅15岁的通庚以男子汉的勇气，接过父亲的扁担、锄头、犁耙，使出同龄人不能使出的力气，忍受常人不能忍受的艰难，春而夏，夏而秋，出没在田间地头，出没在风里雨里。

担水、挑粪，扁担压红了双肩……他忍着，不叫疼。

挖地、锄草，累得手脚酸软，麻木……他坚持，不放弃。

一天，两天，在冬水田里犁田，深一脚，浅一脚，吆牛扶犁，一趟过去，一趟过来……他不叫苦，直到把一块大田犁完。

架着几十斤的铁耙耙田，横三遍，竖三遍，直到把田里的泥巴耙得平平展展。

……

"莲子心中苦，梨儿腹内酸。"刘妈妈看在眼里，痛在心尖，中午，给儿子煮一大碗油煎苕粉鸡蛋面；晚上让儿子喝点小酒。

通庚干活疲惫时，喝完一点儿小酒就总喜欢吟咏他读初中时学到的一首小诗：

种稻云挥汗，锄苗蝶上身。朝看花别树，夜醉月留人。

"歌"的背后，也有着对"苦"的逃离。

天道酬勤，到了收获季节，通庚割麦子、收稻子、挖红苕、掰玉米时，品尝自己种的粮食、瓜果、蔬菜时，总是兴奋不已，不断地感叹：汗水没有白流，累也没有白受，甚至大声疾呼——"劳动也风流！"

人处逆境，乐观是智慧，也是学问。

这一年，是通庚生命里最艰苦的一年。正是有了这一年的磨炼，他未来的人生才变得美好而辽阔。

"今日河东，明日河西"，黑暗永远无法阻止黎明的到来。世事盛衰常常会发生轮回转化，人的命运往往也是此一时，彼一时。

拐点，有望穿秋水般的等待，也会有意想不到的惊喜。1956年，通庚家里喜事连连：

自耕的土地由合作社经营，刘妈妈只管出工挣工分，再不用费尽心思去思考如何在自家十多亩田地上耕种与收获,也就没了生产资料的压力。

张正元回家看望母亲,兄弟姐妹六人大团聚。

在家劳动一年半的通庚考入渠县速成师范班,即将成为光荣的人民教师。

通庚的妹妹上小学;弟弟正禄上初中;二姐婚姻有了着落。

刘妈妈如释重负,再次从儿女身上看到了希望,微笑又回到了她的脸上。

张氏宗亲

张通庚在立石沟整整住了16年。1956年,他当上人民教师,先后在涌兴、贵福教书,再到县城工作。直到退休,他对家族的祠堂、张姓的渊源都特别关注。

通庚的脚下沾有家乡的多少泥土,他的心中就有多少家乡的轶事。

(一)张姓由来

通庚每次回到老家,久违的风景依然明媚,久违的族人依然亲切。

村里有位雅臣先生,多年来都在考究张姓的由来,常对族人们讲:"树有根,水有源,人有祖先。崇敬祖先,铭记祖训,弘扬祖德,乃炎黄子孙之美德。"

"人类进化于类人猿,华夏子孙皆炎黄后裔。随着社会的进展,人类是先有血缘家族,才聚居成部落;领地受封,派生繁衍,始有当今成百上千个姓氏。张姓的诞生很古老,约有五千年历史。"

通庚的同宗叔父玉书先生曾经是初中语文高级教师。他头发花白,精神矍铄,举止文雅,眉宇间充满智慧,退休后热心于张氏族谱的编纂,对张姓的由来颇有考究。

那一年,清明节前,通庚回老家给祖先、父母挂坟上香后特地去拜访了玉书先生,请他讲述张姓的渊源。玉书先生热情地接待了来自成都的自家矮辈,叔侄俩一边喝茶一边摆谈。

阳春三月,草长莺飞;房前屋后的桃花、李花、梅花竞相开放;坡地、梯田里金灿灿的油菜花格外耀眼。不时,温柔的和风拂过,

张姓始祖——张挥

花香怡人,茶香扑鼻,给叔侄俩增添了几分惬意。

"树高千丈,水流万里,皆始于根源地。"玉书先生打开了话匣子——

"张姓公认的血缘亲祖黄帝是远古时代华夏族部落联盟的首领,他以德经天地,以仁信治天下,选贤任能,严惩顽凶,开创了一个歌舞升平的盛世。"

玉书先生呷了一口茶,不紧不慢地往下讲:"黄帝有一子叫少昊,青阳氏,少昊之子名'挥',自幼聪明过人,爱动脑筋。一次,他观看夜空,从星星的组合中得到启发,经过研究,发明了弓。当时,人类基本以狩猎为生,弓的发明是一件很了不起的大事,于是黄帝封他为专门制造弓的官叫'弓正',也称'弓长',又将'弓长'合二为一,赐他'张'姓,起名张挥。"

看通庚听得津津有味,玉书先生很自信,又进一步补充道:

"唐书《世系表》云:黄帝子少昊青阳氏第五子挥,为弓正,赐姓张,此为得姓之始,其族最繁。

"《姓氏与起名》云:黄帝时有一子叫少昊,其第五子望星而智,发明弓,因有功,被君主赐姓张。

"全中国,张姓族人的始祖是张挥。张挥公仙逝葬于帝丘(今河南省濮阳市濮阳县)。

"现今再版的《百家姓》张氏旁注有'清河'二字。濮阳县的清河堂是后世张氏供奉祖先神位之地。"

编纂族谱的玉书先生对张姓的由来讲得有根有据——张姓始祖为挥公,张姓祖籍在清河。

（二）湖广填四川

通庚回老家的次数多了，对自己的祖籍和"湖广填四川"的始末根由也越来越清楚。

明末清初的数十年间，四川战乱频仍。1644年，张献忠率领农民起义军入川，12月称帝建立政权，国号"大西"，定成都为"西京"；继而是南明与清军的战争；吴三桂反清后与清军的战争接连不断。四川人民遭到了一次次的战乱和屠戮，瘟疫及天灾也接踵而至，境内人口锐减，耕地荒芜。据官方统计，1668年，四川成都全城只剩下7万人。一些州县的原有人口只剩下10%或20%，全省残余人口约为60万。

学者孙晓芬为四川人寻根，称川人祖先源自湖北"麻城孝感乡"。

孙晓芬，文史两栖的女作家、学者，先后任四川省地方志编委会副编审、编审，省志总编室副主任，是中国作家协会成员，四川客家海外联谊会顾问，四川客家研究中心副主任。她的三部区域移民专著远销海内外。1997年出版的《清代前期的移民填四川》，是国内首部研究湖广填四川的专著；《四川的客家人与客家文化》，是首部全面研究四川客家人的专著；《明清的江西湖广人与四川》是国内最早提出湖广"麻城孝感现象""祖籍记忆的人文地理概念"论点的专著。专著中写道，清朝之初，大力推行"移民垦荒"，倡导十余个省的百姓入川。其中，去得最多是"湖广人"（当时湖北、湖南归属一个省——湖广省）。民间将此次大移民称之为"湖广填四川"。据考证，历史上四川有六次大移民，尤以"湖广填四川"大移民的规模最为庞大，持续时间长达百余年，移民人口过百万。

四川达州市一位记者在市公安局户政大队了解到：张姓，全市共有428554人。对姓氏族谱文化颇有研究的傅昌志告诉记者，达州的姓氏不少于500个，80%以上均是300年前随"湖广填四川"而来。"湖广填四川"的路线有万县方向的水路，安康方向的陆路等。300年前，达州地域正处"湖广填四川"的川东北第一站，所以达州"移民"多数是由湖广地区麻城县孝感乡（今湖北省红安县城关镇一带）迁来。渠县人与四川各地一样，十有八九不是老川人，绝大多数姓氏的先祖几乎都是在明末清初"湖广填四川"时迁入的。

立石沟张姓的先祖张贤公的后裔相继分布在板桥立石沟、河东张家坝、万寿梯子嘴、三汇牛奶尖、青丝老鸭嘴、渠县小井街、城北大石桥、屏西小板桥，共八大分支。其中，居住在板桥立石沟张家祠堂、三洞拱桥、团柏树一带的张氏后裔就达一千多户。

（三）宗亲聚会

通庚年少时，启蒙读初小在张家祠堂度过；工作期间，回家探亲祭祖要经过张家祠堂；退休后，年年到祠堂参加清明会，对这里有着深厚的感情。

2004年，族人张如仁、张通柱、张正行、张勇、张天纯、张玉书、张路华、张国成等共同策划、践行了三件大事：

①年年办清明会，增强族人凝聚力；教育族人拥护中国共产党，热爱祖国。

②广泛集资，维修张家祠堂。

③续编家谱，传承族训族风。

从2005年起，张家祠堂的清明会一年比一年办得好。土生土长的通庚，对自己的家乡有一份难舍的情怀——乡而不俗，土而不粗，是一片既有浓郁文化气质又带有强烈感情色彩的热土。他全家为维修祠堂共捐资三万余元，赠送有关家庭教育的丛书三百余套，并专门对2017年的清明会作了记叙：

每年清明时节，是炎黄子孙寻根求源、扫墓祭祖的日子。四川渠县板桥立石沟张家祠堂一年一度的清明祭祖活动已经持续12年。

2017年4月3日，清明节前一天，柔和的晨辉映红了大地，映红

族人捐资维修　宗祠焕然一新

了立石三沟，映红了张家祠堂，纵横交错的乡村公路、田间小道，像是铺上了一层淡红色的轻纱，十分醒目。驾小车的，骑摩托的，乘公交的，步行的，八大分支的张氏后裔谨具清香纸烛，不畏路途遥远，从四面八方来到张家祠堂，踊跃参加清明祭祖活动。

经过维修的祠堂，处处整洁有序，石碑被擦得铮亮，数百名自愿捐资修缮宗祠的张氏后裔的名字及金额熠熠生辉。整个正殿烛火通明，香烟缭绕，祖先灵位、烛台、蒲团，包括香案上供奉的祭品、圆柱上的楹联都像是蒙上了一层神秘的色彩。"大力弘扬社会主义核心价值观""为全面建成小康社会砥砺奋进""弘扬民族精神传承优秀文化"等大红标语格外引人注目，让祠堂焕然一新。漫漫的历史湮灭了祠堂当初的辉煌，飞逝的岁月无情地吞噬着这座规模庞大的建筑。但180年来，王者血脉的精气神仍在；宗祠横匾、正殿、圆柱、厢房、戏楼、石梯、天井、石碑、图腾等文物和古迹尚存，此乃族人幸事、喜事。

上午十点整，张家祠堂欢声雷动，异常热闹，第十二届清明会在热烈而响亮的鞭炮声和掌声中拉开了帷幕。会议主持人张雅臣先生首先引领族人缅怀祖先，向列祖列宗鞠躬叩拜，默哀致敬。会场是那么肃穆、庄严。每位传承人的心中都铭记祖先的功德，秉存祖先的训示，默默守护着张家的家族史，守护着民族的精气神。

一阵热烈的掌声之后，本届清明会会长、修缮委员会主任张勇先生代表全体宗亲致感谢辞。他感谢《张氏族谱》的主编十一世祖张鹏舞公及续编张天纯、张云隆、张通柱、张玉书、张小然等功臣。是他们引经据典，仔细考究，栉风沐雨，东奔西走，访老问贤，亲力亲为，提高了族谱的质量，并顺利付梓发行。其功至伟，善莫大焉！他感谢历届清明会上为修缮祠堂无私奉献，捐资捐款的张志明、张雅臣、张玉和等数百名同宗亲属。是他们慷慨解囊，使几次修缮如期完成，使我族祖恩浩荡，祖德流芳，家族团结，事业兴旺。他感谢修缮祠堂的义务工、志愿者。是他们不计报酬，忙碌奔波，日夜操劳，用勤劳的双手给祠堂增光添彩，使祠堂旧貌换新颜。他感谢宕渠书画院板桥分院挂牌于张家祠堂。

一声声感谢，一阵阵掌声，凸显了张氏家族的凝聚力、亲和力、向心力以及和睦、友好、善良、勤劳的美德。

紧接着，张勇先生肯定了为祠堂和清明会部署工作、安排事务、热心服务的三位勤务员的功绩；赞扬了在修缮祠堂时任劳任怨，尽心尽力的三位义务工、志愿者；表彰了孝敬公婆、夫妻恩爱、教子有方，勤俭持家的两位好儿媳，给学业有成、2016年考上大学的四位张氏学子发了奖状。

苍天垂爱，先祖护佑，张氏后起之秀、栋梁之材定会踔厉奋发，大有作为，为宗族再续辉煌，为国家再建新功。

《张氏族谱》发行之前，编纂代表，76岁高龄的张玉书先生作了专题发言，他说：

"族谱是一个家族发展的特殊历史，记载着整个家族繁衍生息、奋斗拓展的艰苦而光荣的历程，是紧扣一代代血肉之躯的生命锁链。生生不息的生命史，是联系一个家族的血脉纽带。'江之长必接其源，树之大必连其根。'若无宗祠族谱，非但不能考究祖宗渊源，弘扬先祖德功，而且可能造成族人相遇不识，亲疏不分，尊卑颠倒。

"板桥立石沟《张氏族谱》是在十一世祖鹏舞公《张氏渠邑立石沟谱叙》《祖据》、十三世祖景铭公《上下十一房祖纂》《克纯祖派》的基础上一续再续编纂而成；记载了张姓源流、贤公身世、家族世系、家族派语、各房住地、子孙繁衍等，家家户户都有史实，世世代代都有名录，对张氏家族八大支的分布、张家祠堂、人文景观、优秀后裔也有比较翔实的介绍。"

张氏家族的派语共 40 字：

文明怀如通　天运肇兴隆　恩泽承先世　才华继美中

光耀祖懿德　俊杰智慧宏　和谐育精英　国泰族昌荣

玉书先生恳切地希望每位宗亲深刻理解派语的含义，把"文明""和谐""恩泽""国泰""承先世""祖懿德""族昌荣"铭记心间。

《张氏族谱》正式发行，每位宗亲领到红彤彤的族谱时，双手捧着，贴于胸前，喜不自禁，激动与幸福之情溢于言表。"我家八辈人的名字都在谱里！"一位女士高举族谱，好像是向宗亲报喜似的。一位年轻后生欣喜若狂："我找到家了！"

清明坝坝宴的场面更是热闹、壮观，每一桌都是长辈坐上席，再按排行就座。在嘹亮的亲情歌曲中，晚辈向长辈敬"头子菜"，敬祝福酒，宗亲互相敬酒，互相祝福，洋溢着浓浓的族情、亲情、友情。"温良恭俭让，仁义礼智信"得以发扬光大，在一代代张氏后人中传存。同一个祖宗，同一部家谱，同一个祠堂的张氏后裔，一个庞大的家族欢聚一堂，祥和、友善、团结的气氛犹如孟夏的骄阳如火如荼，如同清明的纷纷细雨滋润着家族中老人、孩子的心田。

一样的血液，在宗亲的血管里流淌，同样的脉搏，在宗亲的心脏里跳动。喜逢太平盛世之天时，享先祖福荫之地利，得宗亲恭爱之人和，张氏后裔将携手向前，共图伟业，为全面建成小康社会，实现中华民族的伟大复兴砥砺奋进。

这一年，张氏家族有了世系族谱。通庚翻开族谱仔细一看，看到了全国张姓最高始祖和立石沟张姓先祖的

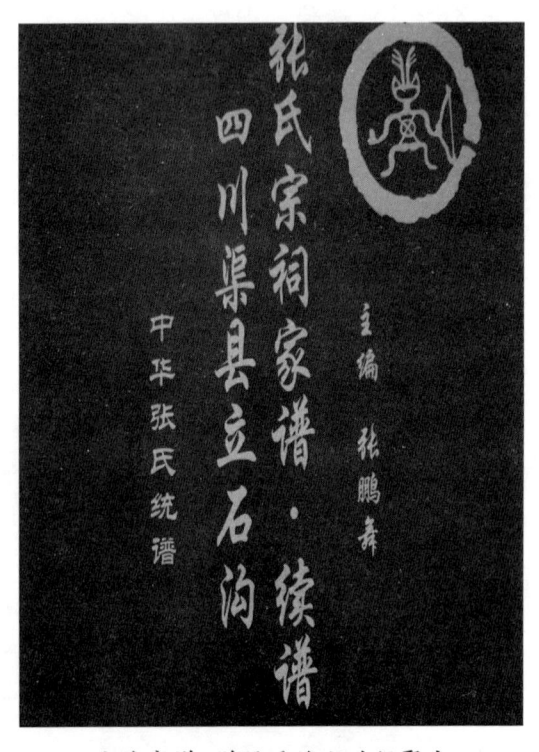

张氏家谱　增强了族人的凝聚力

名号，看到了贤公二世到十二世的代表人物。

全国张姓最高始祖：张挥
立石沟张姓先祖：1世张贤　　　2世张汉英　　3世张梧
　　　　　　　4世张孔学　　　5世张愿安　　6世张若浦
　　　　　　　7世张玮白　　　8世张克述　　9世张宗夏
　　　　　　　10世张我才　　11世张鹏舞　　12世张文钰

12世张文钰后代的字辈与排行也写得清清楚楚。

张贤12世　　张文钰（正元高祖）
张贤13世　　张明哲　张明诗（正元曾祖）
张贤14世　　张怀通　张怀良（正元祖父）
（妻）　　　张徐氏
张贤15世　　张汝森　张汝鉴　张汝阳　张汝源（正元父亲及叔伯）
（妻）　　　刘肇碧
张贤16世　　张正元　张正根　张正禄　张通先　张通模　张通竹
（妻婿）　　赵清澄　李福莘　黄　菁　曹合伦　裴子枢　陈荣华
张贤17世　　张子一　张双双　张国强　张凤鸣　张晓慧　张　昆
（妻婿）　　余悦平　尚大跃　刘晓燕　张　懿　林三忠　张松林
张贤18世　　张奕凡　张　彤　张融冰　张探秋
（妻婿）　　　　　　赵　霓

从此，汝森叔的后裔都知道自己的祖籍是四川省渠县板桥乡立石沟，始祖是张挥，先祖是张贤。

张子一、张双双、张国强、张凤鸣、张晓慧、张昆知道自己的父（姑）辈是张正元、张正根、张正禄、张通先、张通模、张通竹；祖父是张汝森，祖母是刘肇碧；曾祖是张怀通；高祖是张明哲；太祖是张文钰。

张奕凡、张彤、张融冰、张探秋知道自己的曾祖父是张汝森，曾

第一章 老家浓情 __ 57

祖母是刘肇碧；祖辈有张正元、张正根、张正禄；父（姑）辈是张子一、张双双、张国强、张凤鸣、张晓慧、张昆。

附：张正元的伯父张汝鉴、张汝阳（15世）的后代

16世	张通煜	张通阶	张通锐	张通蕰（正元堂兄）
17世	张天龙	张天凤	张天雁	张青泉（正元堂侄）
18世	张培生	张万春	张小华	张运成 张 德 张 彪
	张 辉	张 华	张 伟	张运安
19世	张 明	张 力	张 川	张 东 张 军 张 飞
	张小军	张晓江	张小雷	张俊文 张万兵 张学东
20世	张彬彬	张子寒	张锦毫	张荣宣 张可兰

眷恋老家的理由何止千百条。张氏后裔想起自己的老家，就会想起老家的长辈和亲人，想起老家带给自己的快乐童年和美好青春，这种情愫已经融进他们生命的每一个角落。

同房姐弟

时光，无比柔软，见证着亲人经历的过往。岁月，沧桑依旧，沉淀了生命中的那些悲欢离合。

同一祖先的堂姐堂弟在新春佳节相聚，有快乐，也有惆怅。

县城的北面是一片丘陵，山岗之间的沟壑与谷地甚多。

一条名曰王家沟的谷地里，几间矮小的茅屋分布在山坡上，难见到一座像样的瓦房，除了沟底有几块零零散散的小水田外，两边全是瘦薄的坡地。沟边的山坳里有一条大路可以直通三个集镇，每逢赶集的日子，过往行人都会在路旁的一棵大榕树下小憩一会儿。

1943年，通庚三妈的独生女——没有亲生兄弟姐妹的张二姐——出嫁到王家沟，住在大榕树旁的茅草房里。二姐夫姓王，是个木匠，为人忠厚，善待家人。

20世纪60年代前后，田地属人民公社所有，社员们参加集体劳动，粮食、柴草，包括蔬菜、副产物都是按劳动工分分配。连续几年自然灾害，粮食歉收，柴草有限，王家沟人吃的、烧的都欠缺，生活十分艰苦。

一个家庭，每一天维持生计的正常运作都离不开柴米油盐酱醋茶，这就是老百姓所说的"开门七件事"。艰苦年代，百姓的眼中没有"酱、醋、茶"，十天半月缺油少盐也是常事，反而把"柴"看得特别重要。因为农村没电没气，一年四季，一日三餐，吃五谷杂粮、青菜萝卜，哪怕是野菜，都得用柴火煮熟，缺少一顿都不行。

王家沟十多户人家除了依靠集体分柴火外，每家的大人小孩一有空就要背着背篼，拿上镰刀到处捡柴。什么树叶、草根、蔓藤、杂草，凡是能做燃料的都一股脑儿捡回家，晒干后储存起来。

一个冬天过去，树上树下，坡上坡下的燃料被捡得干干净净，到处光秃秃的，再也难捡到可燃性柴火。二姐夫经常外出干木活，对家里有柴没柴漠不关心，更体会不到柴火的珍贵和缺柴的苦闷。

难得捡到这么多好柴

1961年春节后，已参加工作的通庚特别思念三叔的女儿张二姐，因为他父辈四兄弟，大爸、二爸家的堂兄弟、堂姐妹已先后离开人世，只有自家兄弟姐妹六人和三爸的女儿张二姐在世。通庚想：虽然家里买下三叔家的"老房子"和田地后在土地改革时被划成富农，但无论咋说都不能责怪已经仙逝的三爸三妈；张二姐是唯一的堂姐，是同房亲人，要是有娘家人去看望，她不知会有多高兴。

正月初八，通庚和大姐一道去给张二姐拜年。张二姐见了娘家的堂姐堂弟，接连打了几个"哈哈"，那兴奋，那热情，那欢喜，简直无法用语言形容。当天晚上，姐弟三人亲亲热热地聚在一起，说不完的心里话。张二姐听说年纪轻轻的堂弟是人民教师了，觉得脸上有光，左一个"二弟"右一个"二弟"叫得格外甜："二弟，你当老师了，还看得起我这个穷二姐，给我拜年，我硬是深受不起哟！"张二姐觉得娘家有堂姐、堂弟挂念和看望，在王家沟邻居面前都抬得起头，直得起腰，说话都要硬气些。

初春的清晨，湿润润的冷风轻轻地吹着。晨曦温情地唤醒了群山，唤醒了王家沟，唤醒了甜睡的生命。张二姐第一个起床，打开土墙中间的木门，见到了初升的太阳。

"今早上吃汤圆！"张二姐满怀欣喜，从坛子里抓出雪白的糯米粉子，"这是专门留给你们的。"她言语不多，但饱含深情。

通庚走到灶前，自觉地帮张二姐生火，大姐和二姐站在灶边团汤圆。锅里的水响了，热气升腾，两位姐姐把一个个团好的汤圆丢进跳动不停的开水里，通庚又赶紧向灶里添了几把柴。当他把最后一把柴草送进灶里后，着急地说："二姐，没柴了！"

"没柴了？"张二姐始料不及，连忙走到灶前用双手不停地捞柴渣，好不容易从旮旮旯旯搜到几把渣渣草草，再不断地往还有余火的灶里添。锅里的汤圆上下翻腾，眼看就要煮熟了。再也没柴草往灶里送了，火，渐渐熄灭。锅里再没热气升腾，汤圆半沉半浮，动也不动。张二姐面带愧色，急忙跑出门去，在房前屋后捡了一些枯叶、干树根、杂草，一进屋就往灶里送。谁知这为数不多半干半湿的燃料进灶之后冒出几股浓烟，燃了一会儿就熄了，锅里的汤圆动了几下又停了下来。

张二姐面色暗淡、窘迫，一时没了主意。年长的大姐很理解二姐的难处，轻声对二姐说："舀一个汤圆起来，夹开看看熟了没有。"她想让二姐走出困窘。二姐点了点头。大姐舀起一个汤圆，夹开之后，两人仔细一看，异口同声："还差两把火！"

通庚从灶前的板凳上站起来，走到两位姐姐面前自作聪明地说："找些旧书、废报纸来烧，几把火就把汤圆煮好。"

"哪有呢，前几天就寻来烧了！这屋里就只有床铺里有谷草，房子上有麦草，再没有可作柴烧的。"二姐又是惋惜，又是叹息，泪水在眼角转。她心里在想：新年新事的，堂姐、堂弟专程来拜年，我连一顿早饭都招待不好，今后怎么见娘家人！

她撩起围腰，一边擦眼泪，一边向房后的矮墙走去，从草房上扯下几把麦秸，转身就往灶前跑。几把大火之后，一锅汤圆浮出水面。二姐紧锁的眉头舒展开来，把满满的三碗汤圆端上了方桌。经验丰富的大姐一边协助二姐拾掇锅灶，一边感言："就差两把火……居家过日子，一个柴，一个水，一样都少不得。"好像是专门说给通庚听的。

姐弟三人高高兴兴吃起了汤圆。通庚夹起一个汤圆，咬了一口，红糖顺着口角往下流，嘴里甜津津的，心里甜津津的，二姐的盛情犹如甜津津的糖水在全身流淌。

红彤彤的太阳越升越高，不断地放出光和热，正是捡柴、晒柴的好天气，王家沟的大人小孩又背着背篼到山坡上捡柴了。通庚和大姐想到二姐家里中午没柴烧，怕耽误她捡柴的工夫，就向她告别。

二姐背着背篼，把姐弟俩送到路旁的大榕树下，再三恳请："以后多来我家耍哟！慢走！"

一阵风吹来，榕树上掉下几片黄叶，还有一根小小的干树枝。二姐连忙捡起，如获至宝，小心地放进背篼里。

通庚跟在大姐后面向家的方向前行。一路上，他想起二姐家缺燃料的艰难，内心一阵阵凄惘、一阵阵酸楚。

"这才是正月，离夏收集体分柴草还有好几个月，二姐家每天咋煮饭呢？"通庚问大姐。大姐沉默好久才回答："熬噻！熬过一天算一天。"

这次探亲，通庚才明白：人的一生少不了一个"熬"字，日子都是熬过来的。

时间如流水般流淌，几十个年头不知不觉就过去了。张二姐走了，大姐也走了，可她们亲切、朴实、无奈的话语却经常在通庚的耳边回响。王家沟人缺薪少柴，汤圆在锅里浮不起来，二姐流着泪水从草房上抽麦秸的情景总是在通庚的眼前浮现。

坝上风貌

从渠县出发，沿着渠涌公路北行，经过板桥再行35千米便到涌兴镇。

明朝，这儿叫太平里；乾隆五年（1740年）改称太平场，同治四年更名永兴，光绪末改作涌兴；民国24年（1935年）定为特级镇，民国29年（1940年）定为国家甲级镇；1951年改镇为乡，1987年撤乡建立涌兴镇。

清代以来，就渠县乡镇的幅员与集市商贾而言，民间就有"一吴（吴家场）二涌（涌兴）"一说，说明涌兴镇是渠县的大镇。

涌兴镇西面两千米处的营盘乡，有一个远近闻名、众人皆知的李家坝。这里——生命的摇篮——除了固有的可爱之外，也注入了许多情感内涵。

（一）

李家坝的中央有一小岭（合家岭），岭的北面叫"上坝"，岭的南面叫"下坝"。这里是古今重要的交通要道，有它独特的自然风貌。

李家坝上人口稠密，由一间间高低相间的瓦房构成的院落一座挨着一座。院落四周绿树环绕，翠竹掩映。房前屋后的杏树、梨树、桃树沐浴着阳光雨露，不畏酷暑严寒，各显英姿，尽展风骚。每到仲春，雪白的梨花、粉红的桃花、白里透红的樱花竞相开放，争芳斗艳，每一朵、每一簇都饱含媲美的兴致。

柑橘树是李家坝常见的一种树，大多种在地坝边上。柑橘花是春天里迟开的花，一般在四月盛开，给春天最后的点缀。在万紫千红的春天，柑橘花实在太不起眼，羞涩、腼腆、白白的、碎碎的，躲在一片片浓绿的柑橘树叶中，不走近细看，还真看不出它的存在。无论走到坝里的哪个角落，几乎都能闻到它沁人心脾的芬芳。如果说桃花、梨花、樱花用颜色装扮了春天，那么柑橘花就是用芬芳陶醉了整个春季。

李家坝人喜欢柑橘花，说它不与其他花儿争春，当百花开尽，它才悄然绽放，将芳香带给人间。在李家坝人看来，做人就要像柑橘花一样，自谦、自律，少张扬，少出风头，多给他人一些念想。

无论是上坝还是下坝，每个院落都是木板壁、圆木柱、青瓦房面、白灰房脊加翘角和斗拱建造而成的大瓦房，几乎看不到一户人家住茅屋。每个院落的中间，都有一个长方形或正方形的晒坝，全由一块块石板铺成。有的，是一户人家独建，可以任意使用；有的，是由几户人家合建，与大门相对的那部分地面归自家所有。顾名思义，所谓"晒坝"就是用来晒粮食、晒柴草、晒衣物的平坝，对从事小农经济的农户来说，显得十分重要。到了收获季节，家家户户都要晒粮食。然而，由几户人家合建的晒坝上从未发生过争执与纠纷。几户人家不分彼此，有商有量："今天你家晒，明天我家晒。""我用一小块，你用一大块。"同宗同姓的自家人说话，总是那么祥和，那么善解人意。

上坝的李正维老人常常自豪地说："明清时代、民国时期，上下几百年，李家坝没有受到战火、瘟疫、灾荒的袭击，没有遭受恶霸、地痞的骚扰，李氏家族安居乐业，没有太大的贫富悬殊，日子过得平平稳稳。"

李家坝人一向是

晒坝上的喜悦

那么团结、友好；一向是那么祥和、亲善。李氏后裔和华夏儿女一样，向往安定、平稳的日子，热爱和平，反对战争。

下坝的东边，有一条弯弯的小河由北向南顺流而下；西边的小河先是由西东流淌，可到了李家坝却掉头向南，转一个大弯后，在坝的南端与东边的小河汇合，无羁无绊地流向远方。大自然的恩惠，两条水系把李家坝围成了一个"绿色三角洲"。随着若干年夏季洪水的涨落，沿河内岸的河床逐渐升高，堆积着厚厚的半沙半泥，土壤一年比一年肥沃；干旱年头，两条小河仍然水源丰盈，给抗旱和灌溉提供了方便。年复一年，三角洲上的庄稼长势旺盛，硕果累累。

李家坝人知道，小河、沃土，带给李家坝人的是粮食和喜悦。

现在的李家坝人牢记国家领导人的忠告：人与自然是生命共同体，人类必须尊重自然、顺应自然、保护自然。

（二）

下坝的西头，一条石板路从营山、老林、贵福延伸而来，又一条石板路从岩峰、三板崎岖而至，另一条石板路从水口庙蜿蜒到此。三条石板路在李家下坝汇成一条又宽又平的石板大道从坝上穿过，直达涌兴镇。上至明清时代，下到新中国成立初期，石板大道的来往行人，除了走亲访友的老少爷们儿，经商的、做小生意的、坐滑竿的、赶驮牛的以及挑山工、牛贩子，过了一拨又一拨。这不是驿道的驿道，不是驿站的驿站成了

李家坝上稻谷香

第一章 老家浓情 __ 65

李家坝亮丽的风景线。

　　三条石板路的交会处，一排坐北朝南的瓦房一字儿排开，石板大道正好从房前通过。房西头的一家房屋宽大，地势优越，门前有一条小河，河边有一口水井；房后是一片竹林，林间有数间牛棚。房东姓李，颇有经济头脑，顺势开了一家客栈，专门接待牛贩子和过往客商。

　　房东的老婆姓王，长了一身蛮肉，打个喷嚏一里外都能听到，人们都叫她"胖老王"。每天，金乌西坠之时，胖老王就会端上几条又长又高的板凳搭在门前，再用一根黑不溜秋的帕子把每条板凳擦几下，就算是给客人准备的座位。然后，她坐在一条矮凳上，跷起脚杆，吊起屁股，慢慢地从包包里掏出叶子烟，裹得长长的，栽在三尺长的大烟杆上。接着，胖老王迫不及待地衔起烟嘴，摸出火柴，用力一划，把火苗对准叶子烟头，嘴巴不停地吧嗒几下后再深深地吸上一口，吞了下去，过了片刻，才嘬着双唇慢慢地吹出浓烟。那架势，着实是吞云吐雾。

　　或许就在这时，她就能听到铃声和吆喝声。

　　"牛贩子来了。"胖老王对当家的说，"你快去招呼一下。"说罢，她磕磕烟灰，丢下烟杆，急急忙忙地跑到石板路上，冲着李家院落大喊，"牛贩子来了！哪家哪户的细娃儿有草卖，赶快背到店子上来！"

　　胖老王重复几遍地大喊几声后，立刻跌跌撞撞地回到家里，和当家的一起张罗可以赚钱的晚饭。

　　没多久，李家院落的三五个娃儿把青草卖给了牛贩子，得到了一点小钱。

　　李家坝人，包括胖老王和那些卖牛草的娃娃都十分珍惜坝上的风景线，对坝上的石板大道维护得十分细致而且都是悄然无声进行的。路上出现了坑坑洼洼，有人悄悄填补；路上的石板倾斜，有人暗自垫平；路上长了野草，有人自觉拔掉。他们修桥补路，热心公益，乐于行善，造福后代，胜造七级浮屠。

久而久之，李家坝人对过往客商见惯不惊，但他们暗自明白了一条普通却不简单的道理——只要迈开双脚，持之以恒，就能到达理想的地方，就能办好想办的事情。

到了21世纪，渠涌公路横穿李家坝，东达涌兴、文崇、石梯、平昌、达州……西通贵福、岩峰、营山、渠县、广安……每天，一辆辆货车、客车、轿车、三轮车、摩托车从李家坝经过。远近闻名的李家坝成了不是车站的车站，不是站台的站台。

李家坝交通便利

（三）

多少年来，四面八方的人户，都巴望把自家闺女嫁到美丽富饶的李家坝，在"摇篮"里安享地利人和。

且说清朝末年，上坝有个李家大姐，出嫁到一个偏僻的王家山，生下一女名曰"茂碧"。王茂碧自幼勤劳、刚烈，虽然一字不识，却颇有志气，料理家务更是一把好手。茂碧长大成人后，李大姐一心要给女儿找个上好人家，就托娘家人说媒，嫁给了李家坝的李先生。

1933年，王茂碧来到下坝的李家院落，见到穷山沟里少有的大瓦房，大石坝，石板大路和平坦的"绿色三角洲"，就像进了天堂一般。憧憬往后美好的日子，她心里甜滋滋的，脸上总是挂着微笑。王茂碧仁慈、善良、重亲情、讲义气，赢得李家院落所有矮辈子的尊敬，都亲切地称她为"王大孃"。

以后的8年里，王大孃生下两男一女。不幸的是，李先生早早仙逝。母子四人相依为命，艰苦谋生，农事、家务、抚养子女的重担全部压在王大孃的肩上。

王大孃的女儿生于1940年10月，属龙，小名"女子"。

女子孕育在李家坝原本是幸事，谁料3岁时，父亲就离开人世。从小得不到父爱的她，四五岁就要上坡割草、打猪草，帮母亲淘菜、洗衣。

1949年，新中国成立了。李家院落的杨大妈对王大孃说："你家女子都10岁了，让她上学念书吧！说不定你今后要享她的福！"

王大孃认定"有儿有女穷不了"，哪怕再穷再苦也要送儿女读书。

女子上学那天，老师听说她割草很辛苦，就更名为李福莘。

李福莘读小学那几年天天打赤脚，没有一件像样的衣服穿。上学时除了提一只装书本的破竹篮外，还得带上镰刀、背篼，放学后要割上满满一背篼青草才回家。很多天，她刚回到家门口就听到母亲在喊："福莘，今天牛贩子要来，赶快把草背到店子上去卖！"要不，就是叫她到小河边去洗衣服、淘萝卜、淘红苕。

冬天，河里的冰水冷得刺骨，福莘的一双小手冻得像红萝卜似的，可她从不叫苦叫累，因为她心里明白，母亲比她更苦更累，她要为母亲分忧，分担家务。院子里的杨大妈总是笑眯眯地夸福莘有出息，像她妈一样有志气，不示弱，将来会找个好婆家。

1949年夏天，火红的杜鹃花映红了山头，映红了人们的脸庞。田间的稻子、玉米、高粱长势很旺，象征着丰收的吉兆。李福莘同房的老二姑择定了一个祥瑞的日子嫁女，把娘家的三亲六戚都请去吃喜酒，李福莘受她妈的委托，有幸成了一位送贺礼的小客人。

发亲的那一刻，老二姑家料理婚事的一位大嫂发现少了一根红色的毛线，毫无依据地怀疑是李福莘拿走了，随后就要去搜身。

年幼的李福莘不懂得什么是人格侮辱、侵犯人权，但她很爱面子，很有自尊心，"哇"的一声大哭起来："我没拿！你们冤枉人，欺负人……"她掉头就走。

几位年轻的姐姐跑上前去劝她、拉她，可她挣脱了拉她的手，头也不回地向自己家里跑去，再也不想听到那些冤枉话，更没心思吃那晦气的喜酒。

"今天是天时地利，却少了人和，唉——"一位吃喜酒的太婆长叹。

"这女子很有志气，不示弱，从来受不了冤枉气。"福莘的幺妈当着亲戚们说："饭都没吃就饿着肚子跑回去了，她妈晓得后会心痛一股。"

中午的太阳火辣辣的，晒得福莘满头满脸都是汗。路边的杜鹃花和农作物都低着头，似乎很有人性，对受了冤枉气的福莘寄予同情之心。

李福莘11岁那年，正月初六的下午，王大孃拿出两把挂面装在布袋里，叫福莘去给二外婆拜年。福莘满心欢喜，一路上想到走人户会吃好的，什么花生呀、酥肉哇、腊肉呀……馋得口水都快流出来了。她立马有了兴致，脚步也加快了，还不到太阳下山，就到了二外婆家。

二外婆见一位十来岁的女子只提了两把挂面给她拜年，脸上顿时起了阴云，自然没了热情的气氛。她爱理不理，叫女子把面放到桌上后，就做她的事去了。

冷落、鄙视、看不起……犹如一瓢瓢冷水泼到李福莘头上，来时的兴致没有了，心也凉了。她尴尬地坐在冷板凳上，心里没有一丝暖意。

天，一片漆黑，伸手不见五指，二外婆家的灶头还是冷冷清清的。原本是客的李福莘在那条冷板凳上足足坐了一个小时，依然无人问津，一阵冷风吹来，她连续打了几个寒战。

好容易等到吃宵夜，李福莘上桌一看，每人面前盛着半碗菜汤，里面可见少量面条；桌中间，一盘腌萝卜的周围铺着玉米花和零星的红苕果。

赶了一下午路的李福莘早就饿了，看了桌上招待她的食物，想起受冷落的情景，不觉一阵辛酸。她忍着泪水喝完那碗似面非面的菜汤，吃了几颗玉米花后就再也吃不下去了，自己打上半盆冷水洗完脚后，就按二外婆的吩咐睡觉去了。

第二天吃早饭，什么酥肉、腊肉都成了泡影，只见二外婆把一碗仅有六个且又硬又小的汤圆放到福莘面前。

肚子饿了一夜的李福莘胡乱吃完汤圆后就迫不及待地要回家。二外婆把那两把面塞到福莘手里，假惺惺地说："给你妈带回去，今后多来耍哟！"

李福莘头也不回地离开了那个再也不愿去的二外婆家。

回家的路上，福莘边走边想：什么二外婆，一点亲情都没有……不就是嫌我父亲走了吗？不就是嫌我家穷没给她送弯弯腊肉吗……她简直没有把我放在眼里……被冷落，受歧视，吃菜汤的情景再次浮现在她的眼前，泪水扑簌簌地流下来……

福莘回到家，当着母亲的面把两把面往桌子上一扔，气冲冲地说："我再不去拜什么年了，死也不去她家踩个脚印。"

"嫌贫爱富！"王大孃知道二外婆的底细，估摸是女儿受了委屈，毫不示弱地说："别人瞧不起你，嫌你家穷，那你就得好好读书，自己站起来，做个人样子给她看看！"

"要站起来，做个人样子！"母亲的训示成了福莘奋进的动力，成了她以后学习、工作以及兴家为人的精神支柱。

受苦的人，知道上进。1957年，李福莘初中毕业后，任过幼儿教师、民办教师。她自我意识强烈，无论干什么事都不服输，不示弱，都要做出成绩，让事实说话。

1961年，乡上一位老干部见她有文化，工作能力强，极力举荐她到乡政府工作。李福莘遇到贵人，命运开始转折，年仅20岁就成了同龄人十分羡慕的国家干部、妇女主任。后来，她还到镇上、县上干大事，到省上享清福。这自然是后话……

李福莘每每想到"我从哪里来"时，就会自然而然地想到故乡。她无论走到哪里，都不会忘记家乡蜿蜒的田埂、门前的柑橘树、坝上的石板路和那不是站台的站台；都忘不掉不示弱的母亲，忘不掉老家那口粗茶淡饭。

清明时节，李福莘都要带领成都、重庆、南充、渠县的李氏后裔到李家坝的陵园扫墓。因为，那里有她梦回萦绕的祖根。

天赐良缘

龙，在中国传统文化中是幸运与成功的标志。

通庚是出生在板桥立石沟的四月龙，福莘是成长于涌兴李家坝的十月龙。他俩就像戏本里的故事，不仅巧合连连而且情趣多多。

（一）

1956年4月，通庚考入渠县速成师范学校，对他全家来说，简直就是"玉皇大帝娶媳妇——天大喜事"。

通庚在家务农的一年里，经历了劳动的艰辛和生活的酸甜苦辣，不仅磨炼了意志，增强了毅力，而且懂得了知识和学问的重要性。他到"速师校"后，格外珍惜来之不易的学习机会，除了认真听讲、认真思考、认真复习、认真练黑板字外，每天还要抽时间系统地、分章分节地重新整理《教育学》《小学语文教材教法》《小学数学教材教法》三门学科的学习笔记，最终汇集成了三本珍贵的教学参考资料。

他，各科成绩很优秀，每次考试都名列前茅。

他，唱歌跳舞的特长得到进一步发挥，音乐水平不断提高。

他，光荣地加入了中国共产主义青年团。

当年8月，学习结业。通庚向班主任和学校反映了父亲去世，弟妹还小，母亲需要照顾等实际情况后，被县文教局分配到本县涌兴区营盘乡小学任教。从此，通庚回到老家立石沟，麻路华、癞四娃、辛戊儿、润成等发小再不叫他"庚娃"了；成年人和长辈子都夸他，羡慕他，一致改口叫他"通庚老师"。自然，营盘乡的学生、家长、广大干部群众还是名正言顺地称他"张老师"。

时届16岁的通庚——张老师——中等身材,四方脸庞。宽宽的浓眉下边是一双精明、深邃的眼睛;高挺的鼻梁,厚薄适中的嘴唇,偶尔微笑时便露出两颗微白的虎牙。由于他从小就常在地里干活,脸上、手上粗糙的皮肤格外引人注目。这位通庚老师给人总的印象是:庄稼人出身,老实、憨厚,英俊而有活力,年轻且有朝气。

营盘乡小学是一所完全小学,一至六年级班班生源充足。初上任的张老师教小学一年级,当班主任,任语文、数学、体育、图画等教学工作。他忠于党的教育事业,始终没有忘记自己是人民教师,长期坚持以教为本,虚心向老教师请教,在实践中锻炼。他不仅教学工作有长进,而且弹风琴、拉二胡、画画、唱歌、跳舞的水平也得到不断提高。在领导和其他教师心目中,张老师是一位发展比较全面,完全能胜任小学各门学科教学的人才。

云盘小学对面的猛山寨

四月龙张老师就像真龙一样,有旺盛的进取心,精力充沛,活力无穷,做事勇往直前。

张老师在"速师校"整理、汇集的三大本资料成了他最好的教学参考书,陪伴他度过了一个又一个备课、写教案的夜晚。他在教学过程中坚持用普通话教学,特别注重"情景创设"和"直观性原则",制作了很多直观教具,设计了不少识字游戏,教学、

第一章 老家浓情 73

教研的敬业之路在他脚下不断延伸。

　　敬业是一种良好的职业道德，是一个人对自己从事的工作负责的态度。张老师的职业道德就在于勤勉工作，笃行不倦，脚踏实地，全心全意为人民服务。

　　营盘小学对面的猛山寨是渠县北面最险要的山寨，也是"营盘"的象征。它突兀在一座小山岗上，四周均是纯天然的悬崖峭壁，远远望去，就像一座坚固的城堡。一条不足一米宽的石梯通向山顶，真有"一夫当关，万夫莫开"之势。新中国成立前，寨上有庙宇、和尚，还有几亩良田；新中国成立后，庙宇没了，剩下断壁残垣，乱石瓦砾。站在寨顶俯视，李家坝上的合家岭、李家院落以及坝上的石板路尽收眼底。

　　1956年至1975年，张老师在这块土地上工作、生活了19个年头，营盘成了他的第二故乡。

　　在这里，他曾参加山头广播，写岩报、标语，画"飞马""卫星""火箭"，美化"公共食堂"，下队参加劳动。

　　在这里，他曾任学校教研组组长、少先队大队辅导员、团支部委员、学校总务、伙食团长。他精心策划的少先队"拥军优属"大队活动，所写材料在县上、地区得到广泛交流，学校被区里评为"拥军优属先进单位"，荣获一面奖旗。

　　在这里，他曾经为全区教师代表上公开课，在全区教师大会上分享教学经验，到渠县教师进修学校为进修学员作了两次有关小学语文、数学教学的经验介绍和专题讲座。

　　在这里，他为公社写的《粮食增产举措》一文，在全县三级干部会上得到交流。他任学校、大队、公社三个文艺宣传队的导演，培养了不少文艺骨干，为全乡的师生、农民演出文艺节目三百多场。自己讲过革命故事，扮演过样板戏中的郭建光、杨子荣、李玉和。

　　营盘乡小学的校长、教师、家长、学生一次又一次地见证了张老师的智慧与才干，见证了他的敬业精神；干部、群众、演员，包括那舞台、院坝、煤气灯，都多次见证了张老师的音乐天赋和演艺才能，都说他弘扬了传统文化，丰富了农民的文化生活，带给群众的是开心、快乐。

张老师在他的第二故乡里，最幸运的是认识了李家坝那位不示弱的李福莘，进而铺就了一条编织生命摇篮，组建幸福小家庭的绿色通道。

（二）

四月龙张老师到营盘小学教书时，十月龙李福莘还在读书。

一天下午放学后，张老师跟随学校的余老师沿着李家坝上的石板路到涌兴街上买东西。他俩走到场口，远远看到一位女学生背着书包向李家坝方向走来。30 米……10 米……3 米，只见那位女生双脚立定："余老师好！"恭恭敬敬地给余老师敬礼。余老师认识这位曾经教过的学生，连忙指着张老师介绍："李福莘，这是我们学校新来的张老师。""张老师好！"李福莘同样恭恭敬敬地向张老师敬礼。张老师第一次受到如此礼遇，连忙点头回谢。

张老师和李福莘素不相识，仅那一次偶尔相遇后，没多久，双方都淡忘了。

1958 年，"总路线""大跃进""人民公社"三面红旗在全国各地高高飘扬。

那年暑假，学校领导看中张老师坚持用普通话教学，推荐他到县上"普通话骨干培训班"去学习，返回区上后担任朗读辅导教师。

涌兴区 11 个乡的老师分成四个班学习普通话。年仅 18 岁的张老师指导四个乡的五十多位老师"以北京语音为标准音"，念"平、上、去、入"，学"一、七、八、不"变调，朗读词语、句子、短文。联欢晚会上，他代表全体辅导员用比较标准且流利的普通话向两百多名教师朗诵了一则寓言故事——《狼和小羊》。说的是狼和小羊碰巧同时到一条小溪边喝水，狼以各种借口想吃了小羊。故事告诉人们："面对像狼这样凶恶、残忍的坏人，无论你和他说什么都是没用的……要学会保护自己。""一个存心想干坏事的人是很容易找到借口的。"

年纪轻轻的张老师如此能干，令全区11个乡的学校领导和老师刮目相看，一些年轻的女教师向他投去爱慕的目光。

教育事业要"大跃进"，农村民办学校如雨后春笋，李福莘当上民办教师，也在区上培训。

"营盘小学18岁的张老师教四个乡的老教师学普通话，真了不起！"令人惊讶又佩服的新闻不胫而走，很快就传到民办教师培训班里。

李福莘听到这个消息后暗自对她的学友说："他就是我敬过一次礼的张老师！"羡慕之心油然而生，"我们还是学生，他就是老师的老师了！"

秋季开学后，每周六下午，营盘乡的全体公民办教师都要到乡小学开会或学习。张老师当时是学校低年级教研组组长，辅导民办教师学习汉语拼音和教材教法的重任自然就落在他的肩上。

每学习一次，张老师和福莘老师就要见面一次。多次近距离接触，坐在一起讨论教材和教法后，渐渐地，李福莘在张老师眼里不仅是一位漂亮的姑娘，而且是一位虚心学习，善于请教，对教学工作高度负责的好老师。

1959年，一个星期天的上午，区里召开公民办教师大会。午后，张老师和李福莘老师邂逅于涌兴街道。

"张老师，您还没回学校哟。"福莘亲切地打招呼，"今天晚上街上放电影，您看吗？"

"你看我就看。"张老师腼腆地回答，"下午怎么安排呢？"

"到我弟弟的纤维厂看一看吧！"接着，张老师随福莘到一个简易的造纸厂参观，见到了比她小3岁的弟弟。

天黑了，他俩坐在一条板凳上看爱情故事片——《柳堡的故事》。

看完电影，他俩肩并肩地往回走。起初，双方都不知说什么好，不是沉默，就是"回放电影"。走了好长一段路，才慢慢地谈及工作、家庭……张老师旁敲侧击："李老师，你人好工作也好，好多人都羡慕你、追求你……""不，那都是别人说起的。"福莘一口否认，"还没到谈个人问题的时候。"

夜，很静很静，听得见路边草丛中蟋蟀的叫声。明月清风里，大姑娘和小伙子比肩漫步，窃窃私语，诉不尽的柔情蜜意……

人世间，巧合的事常有发生。板桥立石沟的四月龙鬼使神差地分到营盘教书，多次与李家坝的十月龙见面，也许是巧合。难道两条龙都成为老师，还同在一起开会、学习也是巧合？两条龙坐在一条凳子上看《柳堡的故事》，一同漫步在月夜里也都是巧合吗？不，是缘分，也许是天意有定，才如此巧合。

一天下午，学校开完会，福莘老师来到张老师的寝室。

当年，生活最艰苦的年代，张老师拿不出什么糖果、水果，甚至白开水也没一杯，显得十分尴尬。福莘毫不在意，只顾和张老师摆谈家事。她说她的母亲一辈子很辛苦，把他们三兄妹拉扯大很不容易，哥哥结婚后分了家……言下之意是以后成了家要留在母亲身边尽孝心。张老师沉思片刻，像是开玩笑又像是表心意："李老师，你一定会遇到贵人，他会和你一起孝敬母亲。"福莘听了，脸上露出灿烂的微笑。张老师眼里，她更加漂亮，更加楚楚动人。

自那以后，他俩彼此的心中都装着对方，隔三岔五张老师都会接到福莘的"情报"，不是请他去民办学校聚会，就是问教学方面的难点，有时还特地请张老师到她家吃饭。院子里的一位小姑娘——她班上的学生——成了他俩的秘密"交通员"。

1961年，福莘任教的民办小学在"调整、巩固、充实、提高"中停办，她回到生产队任队长。李福莘调到公社任妇女干部后，一些人觉得她的命运改变了，前途无量，个人问题也应该慎重考虑。非议和闲言淡语也不时传到福莘的耳里：

"张老师和李福莘出生于同一年，都属龙，是否般配？"

"李福莘家庭出身好，又是国家干部，明知道张老师出生富农家庭，为什么要同意这门亲事呢？"

"什么教师？听说很憨，吝啬，对李家一点支持都没有。"

这一切，李福莘都不在乎。她看中张老师的是：为人忠诚老实，不浮不躁，做事有恒心；是国家正式教师，有文化，有才能，月月有工资；18岁就能教全区老师学普通话，就能给老师讲教材教法，是老师的老师；发展全面，能歌善舞，会拉二胡……她认定张老师是可以托付终身的伴侣，是未来可以依靠的丈夫。

"好心人"的话引起了福莘一连串的反问：爱情一定要建立在阶级相同的基础上吗？一定要门当户对吗？为什么织女能嫁给牛郎呢？……她坚信自己的眼光，认定自己的选择。

世间，所有的情感交集都是缘分。相信缘分，是一种豁达的接受。你爱上了谁，谁又能最终陪伴在你身边直到白头，都是天意的安排。

李福莘排除种种非议，毫不动摇，于1962年农历十月十二日和张老师一起，到公社领了结婚证书。

天公作美，双龙结缘，一个新的社会细胞问世了——张老师和福莘组成了一个新的家庭。

当时，住在上海的刘妈妈听说通庚当教师没几年就自己安家立户，不向父母要房子和家产，内心的喜悦不胜言表，经常和大儿子一起分享家庭的幸事。可惜汝森叔没有等到这一天，他要是能看到亲手栽培的二儿子像大儿子一样当文人，拿笔杆子，自己找工作，凭知识改变命运，不知会有多高兴。

亲人、老乡、同学、同事，包括那些鄙视张老师，挑拨李福莘的小人都没有想到，这个新家庭的诞生，给张家、李家后来的发展和兴盛奠定了良好的基础。

亲家交心

张老师离开家乡，没让母亲及哥哥姐姐操心就在异地找到了终身伴侣，组成了新家庭．他感到特别自豪、欣慰。谁知好景不长，在随后一连串的社会变故中，他和福莘隐忍的是打击和屈辱，刘妈妈和王大孃隐忍的是痛苦和泪水。

1964年，全国开展"四清"运动。张老师因出身不好，常常惴惴不安，处处谨小慎微。工作组见他积极宣传毛泽东思想，工作、经济、生活上均无大的差错，很快就让他"下楼"了。然而，李福莘却遭到了极为严重的打击，被调到离家较远的穷乡僻壤——安北山区。

张老师的三个儿女——张国强、张凤鸣、张晓慧出生在粮食、棉布、猪肉、油盐和其他副食品都定量供应的艰苦年代。由于三个孩子小时候缺乏营养，导致发育不良，身体素质较差。

在人性扭曲、是非颠倒的那些年，通庚和他的妻子、儿女常常受到歧视。一位"左"得出奇的"红人"在大街上挑衅，恣意肆虐，公开骂通庚老师是"黑五类"，企图唆使不明真相的群众围攻殴打他。一位女校长的儿子和通庚老师的儿子是同班同学，两个小孩之间有时也难免产生言行纠纷。可当孩子发生冲突时，女校长不问青红皂白地跑到福莘的房前大吵大闹，胡诌富农子女的儿子欺负她家儿子，她儿子的"骨头都要重些"。

他家三个孩子加入少先队填表时，在"家庭出身"一栏里不能填"教师"，更不能填"干部"，非填"富农"不可。按娃娃们的话说："一听说填表，看到'家庭出身'一栏就头疼。"

那些年，通庚不能享有尊严、自由、平等，家庭说不上温馨与幸福，经常以泪洗面，感到剜心般的伤痛，背后的辛酸与苦恼折磨着这位爱党爱国、尽职尽责的人民教师。

通庚老师没有因此而消沉、颓废，没有放弃进取与追求，"忍常人不能忍而忍""为常人不可为而为"，把屈辱视为鞭策自己发愤图强的动力，不断地完善自我，使自身的知识和能力得以提升。他清楚：不畏惧烈焰，才能浴火从容；受不了挫折和委屈的人成不了大器；唯有骨气可以开启成功之门，获取成功之果。他在营盘乡一直是苦争表现，争做"可以教育好的子女"。

极"左"思潮、血统论，给李福莘带来很多不幸：入党问题长期得不到解决，不能参加公社的重要会议，老是分配到边远大队工作，甚至有人劝她与通庚离婚，摆脱"黑五类"的阴影和骂名。

福莘心里明白：是自己在无人撮合的情况下，心甘情愿地与张老师许下婚约，结成夫妻，政治上的压力再大，也要维护好这个完整的家，决不能在自己爱人和孩子的心灵上留下创伤和痛楚。也许是她认为离异后孩子会受人鄙视，再组合一个新家庭未必如愿；也许是她有远见，认为张老师本质很好，能力很强，有朝一日会给她、给孩子、给李家带来好处。

福莘和张老师暗暗地想：风雨之后必有彩虹，被人歧视的日子总会有个头，把三个儿女抚养好、教育好，让他们多读点书，今后干一番事业，自身的命运就会改变，一个完整家庭的发展和兴盛就有拐点和转机。

儿女的厄运，毫不留情地折磨着刘妈妈和王大孃，可以说是在斑斑伤痕上撒了几把盐巴，叫两亲家疼痛得有口难言，不可自拔。

刘妈妈和儿媳的母亲王大孃第一次会面时，既感到高兴又感到难过。

那是1971年的秋天，刘妈妈的幺儿已于武汉测绘学院毕业，最小的女儿也已出嫁。通庚想到年过七旬的母亲一人住在"老房子"没人照顾，就把她接到了营盘小学和自己住在一起。

农历八月十五是中秋节，家家以月之圆兆人之团圆，也是他乡异客思念故乡，思念亲人的吉日。

这一天，正好也是刘妈妈的生日。吃过早饭，通庚受岳母一家人的邀请，陪同母亲到李家坝吃团圆饭。

刘妈妈心想要和儿媳和三个孙儿见面，就换了一身好衣服，满面春风，跟着儿子兴高采烈地向李家坝走去。

亲家见面异常亲热，你一个"亲家"，我一个"亲家"，屋里屋外响起了甜蜜、爽朗的笑声。

宴席上摆满了月饼、糍粑、凉菜、炒菜、蒸菜……主人、客人，包括福莘的哥哥、嫂嫂，加上福莘和三个儿女，满满一桌人都是那么和善。

"亲家，祝你生日快乐，寿高北斗！"王大孃致祝酒词。

"生日快乐！"满桌人都举起酒杯。

"祝妈妈生日快乐！"通庚和福莘跟着敬酒、祝福。刘妈妈的孙儿国强、凤鸣、晓慧也同时举起水杯。

"亲家，慢慢吃，多吃点！""您不要客气哟！"福莘一家人热情款待刘妈妈。敬酒、送菜、添饭，宴席上充满了生日喜庆与团圆欢乐的热烈气氛。

下午，王大孃、刘妈妈，还有王大孃的妯娌常幺嫂，坐在一起拉家常。

"亲家，我太感谢您了！"刘妈妈道出心底的真实话，"我通庚和福莘结婚全靠你操办，他们的孩子全靠你照看，今天又置办这么好的酒菜为我过生日，我实在不好意思……"

"亲家，你就见外了，一家人不说两家话嘛。"王大孃接过话题，笑眯眯地夸奖通庚："我这个女婿呀，每次来到我家都是'妈妈''妈妈'地叫得很甜，帮我种自留地，挑水，煮饭，过年都是他蒸丸子、炸酥肉、做团年饭，勤快得很！"

"通庚老师的大哥和弟弟也很客气，很有礼数，一点架子也没有。"常幺嫂说，"有文化，有学问的知识分子就是不同！"

"亲家，你有三个儿子，到上海去住过，现在又跟二儿住，简直是福气哟！"

王大孃为了让亲家高兴，尽拣好话说。

"哪有什么福气哟！我这辈子人苦心也苦！"提起刘妈妈的三个儿子，她心里就特别难过，情不自禁地向两位亲家述说了自己的苦与难："1960年，通庚在营盘教书，二女儿出嫁了，幺儿正禄上大学，家里就剩我和读小学的幺女。大儿子见农村的生活实在艰苦，就把我接到上海去住了三年，幺女只好由通庚带到营盘读书。这期间，他与福莘结婚，我既没出钱也没有出力……"刘妈妈越说越感到愧疚，眼圈都红了，"我听说大孙子的小腿得了骨髓炎，用了不少钱，费心的、烦神的、流泪的全是福莘，她的命也苦哇！"刘妈妈再也忍不住内心的痛苦，流下了辛酸的眼泪。

屋子里顿时静下来，王大孃和常幺嫂也流下了同情的泪水。凤鸣见婆婆伤心难过，把一杯温开水送到婆婆手上。

刘妈妈喝了几口开水，擦了擦眼泪，又继续倾倒心中的苦水：

"1963年，我从上海回家，把幺女叫回老家和我相依为命。哪晓得又来了个什么'运动'，生产队的几个冒失鬼要斗争我这六十多岁的老婆婆，说我参加集体劳动，认真给队里晒粮食是假积极……那几年，大儿大儿媳妇因为家庭出身受到影响；通庚因为'出身不好'受了不少牵累，福莘和几个孙子也受牵连。"刘妈妈说到这里，拿出手巾不停地擦眼泪……

"1970年，幺女出嫁了，通庚说我一人在家兄弟姐妹都不放心，就把我接到营盘来。粮食紧张，他就退出学校伙食团，娘儿俩同吃他那份供应粮。福莘口攒肚积给我们粮票，才勉强能吃稀饭，维持生

刘妈妈和她的两个孙儿

活。燃料缺乏，通庚就步行到街上买树疙兜，挑回来劈成小块当柴烧。我看他又苦又累，想起给福莘增加了不少负担，心里就像刀割一样。"刘妈妈越说越伤心，眼泪扑簌簌地往下淌，湿透了衣襟。

刚满两岁的晓慧轻轻地走到婆婆身边，细声细气地说"婆婆，你别难过了好不好！"刘妈妈把孙女搂在怀里，掩面而泣……

太阳西沉，福莘急着要回单位，王大孃也要一同前去带三个外孙，通庚要回学校准备第二天上课的教案，大家只好回家。

两位亲家会面的时间虽然不长，但情谊甚浓，难舍难分。临行前，王大孃特地把一些好吃的给刘妈妈"打包"，送了刘妈妈一程。

回学校的路上，刘妈妈几次谈到王大孃很热情，重亲情，要求通庚今后要孝敬岳母，让她晚年幸福。

那天晚上，通庚备课一直熬到半夜才就寝。他躺在床上翻来覆去怎么也睡不着。一会儿想到岳父死得早，岳母从艰难中走出来实属不易；一会儿又想起母亲一辈子吃尽了苦头，没有过上几天好日子……刚闭上眼睛，耳边又响起岳母曾经说过的话："通庚，你放心，即使讨口要饭，福莘也要给你背背篮。"想起每次到福莘家都能吃上岳母亲手煮的醪糟开水、鸡蛋面，感恩、孝敬、回报的决心就牢牢地扎在他的心头。

夜，已经很深了。满月像个黄黄的灯笼高高地挂在东方的夜空，

第一章 老家浓情 __ 83

一片宁静随着银雾般的月光洒在大地上。皎洁的月光透过窗户，泻在通庚的脸上，恰似母亲的温柔。

通庚想到一生中有上善若水的好妈妈、好岳母处处关照，是自己的幸运，心情才慢慢平静下来，渐渐有了睡意。

第二章　阳光正道

沿着正确的道路起家、兴家,人生途中时时处处都会有灿烂的阳光相随。

勤俭起家

"勤俭兴家,勤奋成才"可以说是古代"耕读"思想的简化,强调既学做人,又学谋生,后世才能长久兴盛不衰。

勤俭节约一直都是中华民族的传统美德。小到一个人的修身、一个家庭的兴旺,大到一个国家的发展,都离不开"勤俭节约"这四个字。正如《曾国藩家训》中所说:"家俭则兴,人勤则健;能勤能俭,永不贫贱!"

中华民族传统文化的积淀,犹如盏盏明灯照亮了汝森叔及其儿孙起家、发家的道路。

(一)

汝森叔、刘妈妈数年如一日,脸朝黄土背朝天,一背太阳一背雨,惜土如金,惜粮似宝,苦攒苦积,凭勤劳与节俭奠定了发家的基础。两位老人坚信一种理念:一个家庭,不管刚开始的时候条件如何,只要勤劳吃苦、节俭持家,一边创造财富,一边守住财富,早晚都可以使得家运兴旺,日子越过越红火。

一家之长的汝森叔勇于担当,把守业兴家、培养子女视为自己的神圣职责,用责任与爱心引领一家人创造财富。强大的精神支柱给了他勇气和力量,艰苦的创业之路在他脚下延伸,勤俭持家的事例被左邻右舍和当地的农民传为佳话——为了耕完一块大地,生怕中午回家吃饭耽误时间,就炒一碗胡豆兜在布衣里,肚子饿了就一边耕地一边吃干胡豆。

农忙时，天刚麻麻亮就下地干活，劳动三四个小时才回家吃早饭；下午，一直忙到掌灯时分才收工回家。

出门下地，不是挑一担大粪，就是挑一担肥泥巴；收工回家，不是背几大捆高粱秆，就是挑两大筐红苕、桐子什么的。

月亮底下有他的身影，那是他在收稻草、挖秸秆、翻苕藤、割谷桩。

雨天，不便在旱地里做事，他就去犁田、薅秧、扯草，照样要忙碌一天。

谷子黄了，他安排全家人先把旱田、小田里的稻子收完，缓慢的"烧香鼓"一直要响七八天。

别人的稻田三犁三耙，他却非要四犁四耙；懒人的良田只种一种作物，而他则坚持间种、套种；有的人播种、插秧后就悠哉乐哉，坐等花开。他却明白"三分种七分管"的道理，松土、除草、薅秧、施肥，从不懈怠。

人勤地不懒。一分耕耘，一分收获。到头来，家里确实能多收那么三五斗，能卖点余粮，挣点小钱。

一年四季，立石山的巨人都能看到汝森叔在田间辛勤劳作的身影；春夏秋冬，立石山的巨人都在赞扬勤劳善良的汝森叔：群山是他的脊梁，大地是他的胸膛，耕牛是他的伴侣，农具赋予他力量。深深的犁沟印着他岁月的痕迹，他的汗水烫伤了那片热土，他脸上的皱纹堆起了儿女的未来。

克勤克俭，节衣缩食，是汝森叔一生的美德。

他赶场或收工回家时，在路上偶尔看到几颗豆子也要捡起来带回家。

"脱粒务尽，能多收几颗就多收几颗，把到嘴边的粮食抛撒了实在可惜！"这是汝森叔常挂在嘴边的一句老话。打谷子，一把稻子别人打七八下，汝森叔要打十几下。刘妈妈用连枷打豆子、豌豆，用的时间总比别人多。

全家人一年四季除了过年吃碗白米饭外，平常吃米饭的顿数屈指可数。夏天，南瓜豇豆下锅；冬天，萝卜酸菜上桌；正二三月，青黄不接，干萝卜、干酸菜、红苕片便是主食。扯回的萝卜用泥沙掩着，要吃一个冬季；挖回的红薯藏在窖里，要吃到来年春天；把玉米棒子一串一串地吊起来，晒干后用石磨推成玉米面、玉米粒，用热锅爆炒玉米花，则是主食之一。

汝森叔千方百计拓展生财之道，除了卖粮食、鸡蛋、猪崽、猪肉之外，还栽培土烟、甘蔗、青麻、花生等经济作物，变卖之后，就把铜板、钞票存入家庭"小金库"。

人无俭不立，家无俭不旺，保持节约和朴素，家族的延续才能长盛不衰。

汝森叔深知花钱容易挣钱难的道理，除了清明节买挂坟用的祭品，买七月半烧的纸钱，买过年用的香蜡、鞭炮舍得花钱外，其他开支都是精打细算，省之再省。他大半辈子赶场过街，从来没有进过酒馆、饭馆，饿着肚子回家那是常事。

汝森叔艰苦奋斗、勤俭节约，用挣下的血汗钱办了不少大事：

1945 年，买下了他三哥的产业——三间瓦房和四亩田地；

大女儿出嫁，置办了一套风风光光的嫁妆；

送大儿子读书，从小学到大学的一切开支全由家里负担；

送二儿、幺儿读小学、上初中，所有花费毫不吝惜；

临终前，把"小金库"里的银元、纸币交给了刘妈妈。

1955 年 2 月，国务院发布命令，决定由中国人民银行自 1955 年 3 月 1 日起发行第二套人民币，收回第一套人民币。第二套人民币和第一套人民币折合比率为：第二套人民币 1 元等于第一套人民币 1 万元。

一天晚上，刘妈妈心事重重地从仓屋里的一口旧箱子里拿出一个钱匣子，把已经懂事的二儿女和通庚叫到面前，轻轻地打开"小金库"，一张张5万元的纸币和一摞银元呈现在儿女眼前。她噙着眼泪说："这些钱，是你们父亲辛苦几十年用血汗挣来的。"她面色凝重，喉咙哽咽，"你们父亲临终前，悄悄给我说了珍藏的地方，让我保管好，留着给通庚和正禄读中学、大学开销……"姐弟俩含着泪水，静静地数了又数——银元50个，纸币150万元（相当于第二套人民币150元）。刘妈妈一边擦眼泪一边嘱咐儿女："你们分两次进城，把这些钱换成新的人民币，千万不能让外人知道。"通庚慎重地说："要多到几个地方去换。"二姐接着说："对，不能在一个地方换，每个地方不能换得太多。"三人一起商量，生怕有所闪失。

半月内，姐弟依计行事，把换回的新人民币交给了母亲。

刘妈妈守钱如命，笔笔开销都慎之又慎，首先是保证儿子读书的费用，再是作家庭生活的必要开支。细水长流，一大笔来之不易的血汗钱一直用到二儿参工、幺儿上高中。

通庚和正禄每当拿着父亲的遗金去交学费、伙食费，去购物时，内心的酸涩怎么也压抑不住，一股股为父亲争气的内驱力不停地在全身涌动。

（二）

20世纪初，刘妈妈出生在偏僻贫困的刘家山上，她的母亲在一间只能遮风挡雨的茅草房里生下了三男四女。身为大姐的她，从小就受清规戒律、三从四德的约束，脚被缠成三寸金莲。她长期跟随父母从事赖以生存的农事和家务劳动，撑持着一个贫穷的大家庭，在艰难困苦中磨炼二十多年，练就了吃苦耐劳的毅力与韧劲。

1922年，刘妈妈来到立石沟笔架山对面的那间厢房，和汝森叔相依为命，同甘共苦，同创家业，一同养育后代。一年又一年，在她脚下延伸的是勤劳为生，勤俭持家的坎坷之路。

刘妈妈经历了六次世上最大的难关，为张家开枝散叶，生育了三男三女。她和人世间所有的母亲一样，放弃了青春与年华，放弃了享受与安乐，毫不吝啬地把自己的一切都奉献给了儿女。

在儿女的记忆中，母亲不仅是父亲耕种收获的好帮手，而且是名副其实的内当家。

父亲在田间劳作时，身旁总能见到一位小脚女人忙碌的身影，她操持家务精明能干，计划用粮，饮食搭配，种植蔬菜，缝补浆洗，喂猪喂牛……总是成竹在胸，有条不紊，干练利索……儿女们想起这些，历历往事就呈现在眼前：

父母亲每天都是天刚亮就同时起床。父亲下地，母亲在家一边做早饭，一边收拾打扫房间，还要煮一大锅猪食。什么五谷杂粮，柴草衣物，该晒的要晒，该晾的要晾，进进出出，搬来搬去，忙得不可开交。吃过早饭，母亲得抓紧时间洗碗、喂猪，接着和父亲一道下地劳动。快到中午时，母亲会提前一个小时回家，做午饭、洗衣、喂猪、翻晒粮食或柴草，又是一大堆家务活，连喘息的机会也没有。

下午在田间劳动，一直要忙到太阳下山。母亲提前回到家里，忘记了疲劳，忘记了腰酸背痛，放下工具，又投入繁杂的家务劳动之中——先喂猪，再收早上所晒的粮食、柴草、衣物，紧接着是去菜园地里施肥、拔草、割猪草，顺便摘一些蔬菜回家。

晚上，除了做晚饭，还要准备第二天要吃的萝卜、酸菜、红苕，还要理猪草、宰猪草、淘猪草。

她千瓢食万瓢食，年年都能喂出一头大肥猪。

刘妈妈天天如此劳累，所干的一大堆重活、杂活像是"流水账"但又绝不是"流水账"，因为一个家庭365天都少不了维持生计的"流水作业"。她，忙了农活又忙家务，要付出很多精力，绝非轻而易举。所以说,"流水账"是刘妈妈用心血和汗水写成的,记载了她的勤劳与艰辛,记载了她对儿女的缕缕春晖。

刘妈妈里里外外一把手,是名副其实的贤内助,付出的辛苦并不亚于汝森叔。

通庚的二姐不止一次提到,母亲生下弟弟正禄后只休息了三天就去忙着晒谷子、撮谷子、端谷子,用风车给谷子除尘了。父亲去世后,支撑家庭的重担压在母亲的肩上,简直苦不堪言。艰苦年代物质匮乏,母亲难得吃上几顿饱饭,但她一如既往地守护着自己的家庭,守护着年轻的生命。

那个年代,刘妈妈不会用言语表达"勤劳是众德之首、万善之源""勤是一切事业成功的保证",但她常说:"吃得苦中苦,方为人上人。""坐等花开花不开。"她在劳动中的体会是:勤劳多一点,收获就多一点;收获多一点,快乐就多一点;快乐多一点,幸福就多一点。所以,再忙,再苦,再累,她都能忍受,都能坚持。

1948年,刘妈妈在立石沟那间陈旧的厢房里生下最后一个孩子——竹儿。后来,正是她的小女在关键时刻,在困难时期给了她极大的心理安慰。

竹儿还不到6岁父亲就去世了,一直跟着母亲和哥哥姐姐过日子。1960年,竹儿先跟着二哥到营盘小学读书,后又跟着大姐住了两年。由于家庭出身不好,小学毕业后就失学了。

1963年,住在上海的刘妈妈思念她的幺女儿,从上海回到了老家。从此,竹儿和母亲相依为命,一住就是8年。

八年里,竹儿一直陪在母亲身边,除了参加集体劳动,还得做家务,主动为母亲分忧。她担水劈柴,洗衣做饭,接人待物,缝缝补补,赶场购物,的确是母亲的好帮手。8年里,母亲有竹儿无微不至的关心和照顾,两位姐姐放心了,通庚兄弟三人也能安心地工作。

哥哥姐姐每当想起这段经历，都特别感谢小妹妹，都在经济上支持她。通庚一直关心妹妹儿子的学习，从小学到大学他都亲自指导。竹儿的儿子于西南师范大学毕业后，被分配到县农业局工作。如今，竹儿住上了新房，儿子儿媳有孝心，孙子大学毕业后在北京工作，一家人生活得平稳而富裕。

刘妈妈热爱劳动，心地善良，乐于助人，用良好的德行和素养熏陶子女，富有能量的一举一动都无声无息地复制给了儿孙。

正直无私的刘妈妈住在立石沟"老房子"的那些年，人缘特别好：和徐大娘、李幺孃一起劳动时，不拈轻怕重，不互相埋怨，礼让、友好、和气的言辞使她们变得亲密无间；经常帮生产队的杨二嫂缝补孩子的烂衣服，不仅补丁平展、针脚匀称，而且洗得干干净净，折叠得整整齐齐后才给二嫂带回家；队里的几位年轻妇女天天忙着挣工分，没有时间搓打鞋底的麻绳，刘妈妈就利用雨天帮她们搓，一天，两天……搓成几十根后再一根一根拴折好，连成串，让她们提回去；左邻右舍的灰狗、团团、干娃、牛娃儿来到刘妈妈家里，她都会拿出自己家的玉米花、苕果、花生、瓜子给孩子们吃。娃娃们特别喜欢她，一见面，就"刘妈妈""刘妈妈"地叫得很甜。邻里信任她，感激她，人人心怀敬意。

刘妈妈在立石沟乡亲们面前最长脸的是生了三个儿子，很自豪也很欣慰。

她管教儿女不是溺爱、迁就，不是姑息、放任，而是"和风细雨"，动之以情，晓之以理。她和汝森叔以读书为本，千方百计满足儿子读书的需求。上学回家，亲自接送；学习时间，给予保证；读书习作，从不干扰。

"寒门出贵子"。三个儿子深知父母的良苦用心，秉持父母的吃苦精神，学习的自觉性、上进心与日俱增，一个接一个地跳出了"农门"。

1944年，大儿子考入上海同济大学；1956年，二儿子当上人民教师；1962年，幺儿子考入武汉测绘学院。3个儿子都成了拿笔杆子的知识分子，被张氏家族誉为"教育世家"。

刘妈妈到了晚年，先后被几个儿子儿媳接去同住，带过3个孙子，两个孙女；也曾到3个女儿家居住，带过9个外孙。她深得晚辈敬佩的是说话和气，待人亲切。一是不骂人，不说脏话，不发脾气，从未弹过孩子一个小指头；二是和3个儿媳、3个女婿都能和谐相处，总是看到他们的长处，不挑三拣四，不在背地里议论，关系相当融洽。

刘妈妈"齐其家先修其身"，是管理家庭的典范，也是儿女子孙学习的榜样。她宅心仁厚，泽被后世，把吃苦耐劳、勤俭持家、读书发家、文明礼让等齐家法宝传承给儿女和孙辈，有力地促进了各个小家庭的兴旺发达。

通庚想起自己的身世、想起慈母的功德，都会不自觉地抒发感恩的情怀，歌唱生他、养他、送他读书、教他做人的亲娘：

  啊，这个人就是娘
  啊，这个人就是妈
  这个人给了我生命，给我一个家
  啊，不管你多富有，无论你官多大
  到什么时候也不能忘咱的妈
  ……

1975年秋天，刘妈妈突然得急病，医生诊断为脑栓塞，必须住院治疗。当时的医疗条件有限，缺少治疗脑栓塞的特效药，住几天院后病情不见好转，就到二女家请中医诊治。

翌年春天，刘妈妈与世长辞。通庚、福莘听到噩耗，立即用自己家的粮证买了25斤大米，托熟人买了七八斤猪肉，一起回老家料理丧事。出殡前，通庚在灵前追思慈母勤劳善良、通情达理、疼爱儿女、乐于助人的功德，情不自禁地一次又一次淌下泪水；悼念母亲一生在艰苦岁月中

刘妈妈和大儿子一家

度过,儿女还未报得"三春晖",无情的病魔就夺去了她宝贵的生命,心里无比悲痛,泣不成声……扑簌簌的眼泪怎么也冲淡不了他心中的悲伤。

通庚谨遵遗嘱,把母亲和已故的父亲葬在一起。花圈上有他大哥写的挽联:父母生前勤劳多伤悲,双亲逝后安息共坟眠。兄弟姐妹跪拜上香时都暗暗下定决心:团结友爱,互相帮助,为已故的父母争气,让天堂的双亲安息。

(三)

通庚老师忠实地效仿父母勤俭持家的言行,以勤奋的精神敬业,用勤劳的双手创收,为家庭的发展奠定了一定的经济基础。

通庚老师原本是初中毕业,在实践中深感功底不足,就报名参加高师函授,主攻"汉语言文学"。学习"古典文学"时,他任学校的副校长,还教一个班的语文课,但业余进修毫不懈怠,其勤奋精神感动了许多学员。

他为了更好地学习,把古诗词中生僻汉字的音和义抄下来,贴在饭桌边的墙壁上,吃饭时边看边记;把难记难背的古诗贴在办公室的墙上,其他老师好奇地念,他边听边记;自己朗读文学常识,录制成磁带,早晚反复播放,强化记忆。

1984年,他获得大专文凭,为后来评中学高级教师和特级教师创造了有利条件。

最令学校领导和教师佩服的是他辛勤劳作,亲力亲为制作了几十件教具,而且非常节俭,所用的材料都是废旧物品,没花学校一分钱。

美观大气、经久耐用,有一定吸引力的各种教具,师生可拿在手上演示,也可放黑板槽上展示,操作十分方便。学生学得轻松,学得愉快,对学习产生浓厚兴趣,课堂教学的效率也随之提高。

王大孃经常对邻居们摆谈:"我女婿天天晚上都是工作到深夜,我一觉醒来,见他还在灯下写。疲倦了,瞌睡来了,他喝几口寡酒又继续写;天冷时,他站起来跺跺脚、搓搓手,吹几口热气,接着又写。"朴实简明的话语是对"勤"的赞扬和褒奖。

勤,上应天意,下顺民心。勤勉教学,天人共睹,得道多助。通庚老师工作勤奋,勤于动手动脑,家长、学生都钦佩、拥戴。

他潜心于勤,得到教育部门及其领导的信任,从乡小学到区中心小学,再到重点小学、县教研室,登上了展示自我、为民服务的平台。

他致力于勤,业精于勤,多次得到上级的关照,家庭从农村迁到区镇,又搬到县城,居住环境不断改善。

他工作勤勉,每次工资改革、调级,都能得到相应的报酬。他用稳定的收入保障儿女读书,安排家庭生活,添置衣物家具,使家庭稳步走向兴盛。

事实证明:一勤天下无难事,勤劳的双手能创造财富,勤劳是幸福的源泉。

福莘建立新家庭,有了三个孩子之后,尽管遭遇困境和挫折,历经苦恼与辛酸,但一直在用心呵护,潜心经营孩子们的港湾。经历风雨的洗礼之后,福莘显得更加成熟、稳重,盼望孩子成才,追求家庭兴盛是她奋斗的目标。她一方面勤勤恳恳地工作,一方面秉承"养儿防老,积谷防饥"的理念,用钱,计划开支;用粮,精打细算,尽心尽力地维系一家人的生计。

福莘一家人住在贵福时，曾举办了一次以"勤俭"为题的故事会，目的是让三个孩子懂得——"节俭，是惜福保家之道。"

"毛主席生前用过的一百多件日常生活用品中，有一件睡衣穿过二十多年，补过73次。"女儿晓慧首先讲了从书中看到的一个例子。

一向重视"勤俭"的福莘讲的故事非常有趣：

从前，有一个叫吴成的农民，教育两个儿子要勤俭持家。大儿子一家只"勤"不"俭"，过日子大手大脚，不会节约，到年底一点余粮都没有。二儿子一家只"俭"不"勤"，疏于农事，不肯精耕细作，每年所收获的粮食不多。第二年，遇上大旱，老大、老二家中都早已是空空如也。后来，一位高人指点两兄弟："只勤不俭，钱财再多也经不起挥霍浪费""只俭不勤，坐吃山空，一定要受穷挨饿！"兄弟俩恍然大悟，知道"勤"与"俭"是相辅相成，缺一不可的。他俩将"勤俭持家"四个字贴在自家门上，两家人既"勤"又"俭"，此后日子过得一天比一天好。

话音刚落，三个孩子一齐为妈妈鼓掌。

学了历史的国强讲的故事简明扼要："朱元璋给皇后过生日时，只用红萝卜和小葱豆腐汤宴请众官员。而且约法三章，今后不论谁摆宴席，只许四菜一汤，谁若违反，严惩不贷。"

"一个家庭，如果子孙能延续勤劳节俭的传统，那么，家庭必定会越来越兴盛。克勤克俭，家业可兴；挥霍无度，坐吃山空。为人父母，与其留给子女万贯家财，不如教会他们勤俭二字。"二儿子凤鸣说，"这是曾国藩的经典之谈。"

一家人都谨记中华民族的传统警语：

上学读书要勤奋　　吃饭穿衣要节俭　　为民服务要勤勉

勤俭持家久　　诗书继世长

要站起来

新中国成立前后,中国的家庭里,不示弱、不服输的妇女大有人在。

李福莘的母亲王大孃不认为自己比别人差,带领儿女从艰难的困境中站了起来,实属女中强人。

(一)

王大孃,少言寡语,不善言辞,但做人实诚,心地善良,勤劳节俭,无论遇到什么困难都不逃避、不退缩、不放弃,责无旁贷地担当起养育三个儿女这一重任。她的心中,孩子就是一个家庭的未来,要像命一样保护着。

她人穷志不穷,认定"有儿有女穷不了",送儿女上学,望子女成才,对未来充满信心。她,勤耕苦种、任劳任怨、干活麻利、行走如风;她,节衣缩食、省吃俭用、精打细算、口攒肚积,让全家人能填饱肚子。

  珍贵珍贵自珍贵
  要站起来
  己酉(有)己酉(有)自己要有
  宁可顿顿少,不可少顿顿
  有时要把无时想,莫把无时当有时
  会省省在缸口,不会省省在缸底

这些警语是她的兴家之道,是她处家为人的诀窍,成了激励儿女的口头禅。王大孃不示弱、不认输,千方百计护着自己仅有的一亩多田地,护着自己的家人,一桩桩巾帼不让须眉的事例一直被李家坝人传扬:

1946年,国民党到处抓壮丁,企图扩充军队,与共产党打内战。

一天上午,涌兴镇公所的几个公差来到李家坝的石板路上,不分青红皂白,就把王大孃婆家正在耕田的小叔子绳捆索绑起来,押到镇公所关了起来,说是过几天就要押往县城。

王大孃听到这事,立马放下手中活,雄赳赳气昂昂地沿着石板大道向镇公所赶去。她抬着头,挺着胸,背着手,大摇大摆地闯进专管征兵的一间屋子,冲着两位头目大喊:"你们凭什么把我家小叔子抓来关起?"

一位头目被吓了一跳,愣了半天,才结结巴巴地说:"上……上面有规定,他要……他要服兵役。"

"狗屁规定!"王大孃把桌子一拍,"我家小叔子娶了女人成了家,已是三十好几的人了,早已过了当兵的岁数。你们抓不到年轻的,想抓他去顶数,老子要到上面去告你们!"

另一位头目见了这派头,这阵势,觉得碰上了"尖尖石头"不好对付,便转个话题强词夺理:"你家两个男丁,二抽一,不然,就叫你男人顶替。"

王大孃一听,火冒三丈:"我男人死了好几年了,现在家里就剩下一个全劳力。你们要是把他抓走,老子就拖儿带母到镇公所住起!"说完,她坐在椅子上,跷起二郎腿,摆出一副你不放人我就不走的架势。

两个头目见她不是可以随便欺负的主儿,又怕自己脱不了干系,无可奈何,不得不让她把人领走。

王大孃把小叔子带回家的好消息轰动了李家院落,叔伯妯娌,兄弟妯娌都前来祝贺，夸她有骨气、有魄力，是李家坝人的骄傲。

合家岭附近的一个院子里住着一位道貌岸然的浪荡公子李有财，一年四季游手好闲，仗着家里有田有地，有吃有穿，常常欺负岭前岭后的贫苦农民。

岭上，有王大孃家的一块旱地，地东头两棵桐子树的枝干向四面伸展。每到夏天，树上就挂满了桐子，一串挨着一串，把枝头都压弯了。把两棵桐子树当成积钱罐的王大孃，早就计划用卖桐子的钱买块布料给女儿缝个书包，一见树上的桐子比往年多，心里就暗自高兴。

夏天的一个傍晚，李有财头戴瓜皮帽，身穿长衫子，拖着一双木板鞋，摇扇打扇地到合家岭瞎逛。他走到王大孃家的地边，认为两棵桐子树的枝叶把他家的地遮住了，立刻叫上几位家人拿上弯刀，"砰砰砰"地砍去了树上的枝丫，然后逃之夭夭。

"王大孃——有人在砍你家的桐子树！"李家院落一位放牛的娃儿大声叫喊。

正在地里锄草的王大孃一听，简直不敢相信自己的耳朵，连忙放下手中的锄头，一口气跑到地边，举目一看，呆了——树枝被砍去一大半，未成熟的桐子落了一地。

"哪有这种不讲礼的人啰！我的计划不就落空了吗？造孽呀！遭天杀的，太缺德了！"王大孃一边哭一边骂："老子不是那么好欺负的，我要以牙还牙！"她满腔怒火，但心里清楚，只有龟儿子李有财才干得出这伤天害理的事，定要给点厉害让他看看。

天色渐渐暗了下来，很多人家已闭门掌灯。王大孃带领同房的几位男工妇女，有的拿菜刀，有的拿弯刀，有的拿宰猪草的大刀，不声不响地朝李有财家房后的竹林摸去。

王大孃一声令下，"砍——"，"唰！唰！唰！"一阵响声之后，一根根竹子应声倒下，留下的是派不上用场的一排竹桩。

第二天，自以为是的李有财请来地方上的甲长、保长找王大孃评理。王大孃毫不畏惧，理直气壮地说："要评理就到我家的地边上去说！"她不管来人是否同意，就朝地边走去。李有财无可奈何，只好带着保长、甲长跟在后面。岭前岭后二三十人蜂拥而至，想听个究竟，看个结果。

到了事发地，王大孃气愤地说："保长，甲长，各位乡邻，你们看，我家这两颗桐子树在地的东头，树下是一个沙凼。可他……"王大孃指了指李有财的鼻子，"硬说把他家的地遮住了，讲不讲理？……昨天下午，他无缘无故地把我家的桐子树丫砍了，眼看就要摘来卖钱的桐子落了一地……"王大孃气不打一处来，"没有良心啦！好霸道哦！太欺负人了！"说罢，伤心地痛哭起来。

站在一旁听"究竟"的群众再也忍不住了，人人义愤填膺："王大孃说得有理！""要李有财赔桐子钱！"

一位年长的老大爷对保长说："不讲理的事是李有财引起的，他分明是欺负孤儿寡母，你们可要公断，不能偏心啰！"

"你的良心遭狗吃了！"明辨了真相的保长把李有财批评了一顿后，带着甲长扬长而去。

李有财理屈词穷，把脸丢尽，在群众的讥笑声中灰溜溜地逃走了。

"有理走遍天下！王大孃打赢官司了！"李家院落的邻居们簇拥着王大孃回家。一路上，笑声、歌声、赞扬声在李家坝的上空回响。

多少个酷暑，多少个寒冬，王大孃天不亮就起身料理家务，烧水做饭，喂鸡喂猪，洗衣服，晒柴草，忙得手不停，脚不住。简简单单地吃完早饭后就连忙下地劳动。

王大孃虽然个子不高，但干农活肯卖力气。她耕地时，右手扶犁把，左手挥鞭赶牛，一趟过去，一趟过来，那架势，不亚于一个力大气壮的男子汉。繁重的体力活累得她气喘吁吁，满头是汗，但她也不

第二章 阳光正道 101

肯歇歇气。

炎热的夏季，明晃晃的烈日炙烤大地，王大孃收麦子的动作麻利，速度很快，只见镰刀在晃动，带穗的麦秆一片片倒下。汗水不停地从头上、脸上淌下，湿透了衣襟，她都全然不顾，因为心中满怀收获的喜悦。

"瓜菜半年粮"是王大孃的节俭之道。春秋两季，家里那块菜园地几乎全都由她经营。

锄地是王大孃最擅长的农活，一把十来斤的锄头，在她的手中显得十分轻巧。她一锄一锄地使劲挖，只见银锄在阳光下闪闪发光，不到两个小时，一片菜园地就散发出泥土的清香和微微的热气。接着，她耘土、开行、理沟，哪里种什么，哪里栽什么，哪里要套种，种哪要间种，她都心中有数，规划安排得恰到好处。

雨天，她一针一线地给每一个孩子补衣服、做鞋子。

夜晚，豆大的桐油灯光下，她右手摇纺车，左手拿棉条，随着"嗡嗡嗡"的响声，拉出雪白的细线，越拉越长，越拉越长……突然，右手回车，长长的细线迅速地回旋在棉亭的线团上。如此循环往复，直到夜深人静，但她不顾疲惫，毫不厌倦，直到纺成八个线团才休息。

王大孃长期坚持夜晚纺棉，一是为了不误白天的农活，二是靠卖棉线挣点小钱，或是给儿女买双过年穿的袜子，或是作家里的零星开支。

从福莘记事起，就不见母亲串个门儿，就是回个娘家也不多待，没什么事就匆匆回来了，因为家里还有很多的活等着她去干。

母爱之恩，与山河同流，与日月同辉，她是唯一没有被名利污染的一方净土。

母爱是天底下最纯洁的爱，她如金子般纯粹，如净水般清澈，如太阳般火热。

"要站起来！""活出个人样！"王大孃铿锵有力的叮嘱犹如晨钟暮鼓一样时时刻刻敦促儿女砥砺前行。

（二）

长江、嘉陵江的汇合处有一座中国西部最大的城市——重庆。它是长江上游的经济中心，中国四个直辖市之一。

重庆四面环山，依山而建，傍水而筑，常年雾气朦胧，故有"山城"与"雾都""江都"之称。这里，有山之起伏，有水之激滟，有城之活力；山、水、城融为一体，活像一尊镶嵌在祖国大地上的美丽浮雕。灯的城市、灯的大桥；绿的山野、绿的江流，分外可亲可爱。

重庆是著名的美食胜地，舌尖上的天堂，天下闻名的火锅麻辣鲜香，历来"引无数食客竞折腰"。山城夜色则是重庆最为著名的一景，无论在华灯初上时还是朝霞满天时，或站立于南山远眺，或在长江索道上从空中俯瞰，都能欣赏到璀璨的夜色，两江风光尽收眼底。

20世纪60年代中期，王大孃的幺儿子，被乡邻称为"李二弟"的小伙子来到了这座美丽的城市。

1943年，李二弟出生在渠县涌兴镇李家坝，未满一岁，父亲就离开人世。王大孃含辛茹苦，竭尽全力把孩子拉扯大，送他上学，教他打工，送他参军，巴望儿子有出息、长志气，活出人样来。

重庆朝天门长江大桥

李二弟从小就记住了不示弱的母亲经常向全家人说的一句话——"要站起来!"他15岁就到当地一个简易纸厂去打工,早出晚归,缺衣少食,但从不叫苦,一心要减轻家里的负担和母亲的压力;刚满18岁就应征入伍,到解放军的大课堂、大熔炉里学习、锻炼,并加入了中国共产党。

1966年,李二弟和战友背井离乡,转业到重庆江北郭家沱望江军工厂。年仅22岁的他,脚下延伸的是自力更生、艰苦奋斗、谋求发展的自强之路。

李二弟立足望江厂后,一直把"国家安危仰赖于强大的国防"当成自己的座右铭。"强大国防,保军敬业,使命在心,责任在肩"是他的精神支柱和价值所在。他先是一位普通工人,在车间天天生产连自己也不知道用途的零件。翻砂车间内,工人们都是手拿砂纸打磨那些零件,屋子里烟雾弥漫,飞扬在空中的细砂容易被人体吸入,会给肺部造成危害,但他明白产品惟优,质量制胜的重要性,数年如一日,从不懈怠,从不缺勤,以顽强的毅力坚守岗位。工作不到五年,他思想素质、品行修养、操作技能都迅速提升,先后荣获"优秀共产党员""先进工作者"光荣称号。车间的员工赞扬他、亲近他,虚心向他学习。厂里不少女职工都投去爱慕的目光,提亲的"红娘""媒婆"纷纷登门。

1968年,李二弟和厂里一位老工人的女儿,正式职工卢小妹喜结良缘。婚后,他带着山城美女回李家坝探亲,显得格外自豪。王大孃、李大哥和福莘喜上眉梢,

望江厂的翻砂车间

坝上人赞不绝口，祝贺、喜庆的热烈气氛延续数日。

1969年至1971年，李二弟、卢小妹喜得贵子。长子宗智，次子宗杰。

李二弟娶了爱妻，得了贵子，厂里分了住房，定居于郭家沱的大溪一村。家庭和谐，生活平稳，为他以充沛的精力投身于军工生产奠定了扎实的基础。

诚信为本、敬业为上、安全第一，是李二弟衡量自身存在意义和行为方式的标尺。无论困苦、封闭，还是地处偏远、生活艰难，他的心中始终燃烧着不灭的希望之火。随后的几十年里，他不负韶华、砥砺奋进、脚踏实地、埋头苦干，从车间主任、消防队队长到厂里中层干部，分管生产、消防和营销。望江人"战胜对手、超越自我、强者才会傲视天下"的气魄激励他永不言败，敢为人先，每年每月都能出色地完成厂里交给的各项任务。

"对自己要严、对他人要真、对家庭要爱、对父母要孝"是望江厂员工道德规范之一。厂里要求全厂干部职工争做社会公德、家庭美德、职业道德的楷模。李二弟和卢小妹谨遵厂规，在认真完成厂里生产、工作任务的前提下，尤为重视家庭建设，在事业有成的同时，力争家庭兴盛，儿子成才。

李二弟家的住房位于一座高楼的顶层九楼（当时无电梯），楼上是一个平台。见居委会允许住家在平台上种点小菜，一家四口就利用周末、假日、傍晚等闲时，在楼房四周找泥土，捡树枝，搜砖头，再凭恒心和毅力，背、挑、抬、扛，一次又一次地卖力搬运，用力气和汗水在平台上铺成了一片菜地，围成了一间鸡栅，织成了一个鸽笼，砌成了一块鱼池。初具规模后，李二弟从安全、环保的角度考虑，一有空就到楼上修补、装点、整理，清除不必要的废弃材料，并陆续养上鸡、鱼、鸽子，按农时季节种上蔬菜，栽上花苗。功夫不负勤勉人，全家人用勤劳的双手，把一块空荡荡的平台装扮成了春有百花秋有月，夏有凉风冬有雪的休闲地，建起了可以自给自足的种植园、养殖园。

家，是孩子性格着色的第一个染缸。为了孩子明天的灿烂，李二弟和卢小妹精心描绘着自己言行举止的一笔一画。

一天中午，李二弟和卢小妹特地为两个儿子准备了一顿丰盛的午餐。什么鸽子蛋、清蒸乳鸽、辣子鸡丁、糖醋白菜、凉拌黄瓜、番茄蛋汤……摆了一大桌。进餐时，一家四口，像风卷残云一样，把一桌可口的饭菜吃了个精光。李二弟有意识地告诉儿子："所有食材全是从楼顶上种植园、养殖园里获取的劳动果实。"

响鼓不用重槌，两个儿子一听就明白了父母的良苦用心——是要他们记住勤劳与节俭是兴家为人的根本。

李二弟的另一件杰作是楼梯间的"如意仓屋"。

他家门外，上楼顶的过道内侧有一个空间，两面临墙，一面靠楼梯扶栏。李二弟看准那里有利用价值，又不大费事，就准备自己动手建仓屋。他先用几块平展的木板把扶栏的内侧填平，再在向着过道的一方立个门框，然后用又直又平的木条镶嵌在门框的四周，把空隙填满，最后给门框配上木门，安上锁扣。

建仓屋的全过程中，找材料，买工具，进进出出，他不辞辛劳；要用锯子、刨子、斧头、铁锤等工具时，他亲自操作，运用自如，可谓能工巧匠。前前后后不到一周，一间小小的仓房便展示在家人面前。夏天装棉被、衣物；冬天藏薯粮、蔬菜；多余的杂物、家具也可存放其间。客厅、卧室显得更加宽敞、舒适了，全家人称心如意，乐在其中。

劳动精神是李二弟的天然底色。他接过母亲勤俭持家的法宝，用一个"勤"字，让生命的摇篮充满了生机与活力。他，做事有魄力、有恒心、有韧劲，"不到黄河心不甘"。可贵的潜质促进了家兴，陶冶了儿子们的情操。"劳动开创未来、奋斗成就梦想"成了一家人的精神谱系。

随着时间的推移，宗智、宗杰都上小学高年级了。

一个晴朗的夏夜，一家人兴致勃勃地到顶楼自家的"小天地"纳凉。居高临下，放眼郭家沱，江面渔火，街头霓虹，夜市彩灯交相辉映，观夜景的望江人都在夏日的清风中酥酥欲醉。

被夜色迷住的宗智对爸妈说："我和弟弟出生在郭家沱，却对家乡和望江厂的历史一概不知，你们能给我们讲讲吗？"

"是该让你俩了解出生地，知悉望江厂的时候了。"李二弟饮了一口清茶，打开了话匣子——郭家沱的来历与"湖广填四川"有关。当时，郭姓人移民至此，"插签为界""插标占地"，在中码头修建房屋，聚族而居，整个河湾都属于郭家私有，因此称为"郭家沱"。

从小在郭家沱长大的卢小妹对望江厂的变迁比李二弟要清楚得多。她接过话题，说得有依有据：

"望江老厂始建于广东清远县浧江口，前身曾是国民政府第五十兵工厂。1938年工厂开始内迁，重庆铜锣山脉脚下有山有沟有峡的郭家沱，便成了新厂址落脚之地。

"1938年至1941年，为躲避日机空袭，工厂在铜锣峡北岸的峭壁下开凿山洞，共建成宽6米、3米不等，深20米左右的22个山洞式厂房。这些洞群——颇有风格的厂房——有着不同寻常的经历，也有着非凡的故事。

"正是因为有了以山洞作防御的厂房，才多次躲过日机的空袭。在抗战期间，这片山洞里的厂房生产了大量兵器装备，为抗战立下了汗马功劳。所以，当地上了年纪的人称之为'抗战洞'。2013年，'抗战洞'被列入第七批全国重点文物（抗战遗址）保护单位。

"望江厂占地1.6万亩，是中国兵器装备集团直属的国有独特高新技术、高新产品企业，是国家军品科研生产的重点保护单位，有高精大型技术装备三千多台（套），有国内知名专家（包括工程院院士）作高级顾问。几十个车间隐蔽于'抗战洞'和山沟里的丛林之中，主要生产步兵榴弹炮、野战炮、轻便野战榴弹炮、摩托车、轻型载货汽车等。"

"厂里生产的大炮，在抗美援朝战争和保家卫国战斗中发挥了巨大威力！"李二弟插了一句，"大炮的组装车间和仓库是绝密的，非常隐蔽，我和你妈都没去过。"

卢小妹摇着蒲扇，接着说："1966年，你们爸转业来到望江厂，年仅23岁的他，在'抗战洞'里为国家军工事业作贡献，至今已满20个年头……"

家事，厂史，父亲的自强毅力，工人的爱国精神，深深地印记在宗智和宗杰的心上。

培养后代，促子成器，两位家长义不容辞。李二弟和卢小妹把教儿子堂堂正正做人列为家庭教育的着力点。他们反复给儿子讲："人活一世，光明磊落才是关键，不伪装、不敷衍、不欺瞒就是一个人的真！""顶天立地做人，无愧于己；光明磊落做事，无愧于人。"

宗智和宗杰把父母的叮嘱视为金科玉律、典章明训，时时处处都严格要求自己，不敢越雷池半步。

念家的宗智和宗杰，对家抱有一种敬畏之心，从而使得自己在生活中拥有更加缜密的心思，能够更好地抵挡外来的诱惑。无论在学校，在家属区，对老师、对同学、对邻居，他俩都以诚相待，说话做事都是真心实意、善待他人，从不弄虚作假。因为他俩懂得："做事先做人，做人成功了便可赢天下，赢人心！"

有自知之明的李二弟，对孩子初中、高中阶段的学习谈不上辅导，可他多方管教却有一整套方法。一是启发儿子立志，向姑姑家的表哥学习，做个有真才实学的大学生；二是从严要求，端正态度，鼓励勤奋，不许懈怠；三是勤与学校老师联系，了解孩子的学习动态，及时制止不良倾向；四是虚心向姐夫哥通庚和姐姐请教，学习他们的教子经验；五是定期和孩子谈心、沟通、交流，了解其心态和要求。

一整套方法融汇了父亲的厚望,父子的情怀,收到的成效令人惊羡。

20世纪90年代末,李二弟的二儿子宗杰毕业于西南财经大学,被重庆市人民银行录用为正式干部。宗杰为人敦厚、实诚,办事谨慎、落地;从不在众人面前炫耀单位和自己,淡薄功名利禄,看中业绩实效;怀一颗淡然之心,宁静致远,优雅从容。唯有品德好、工作好可以让人信服,受人重用。几年后,宗杰晋升为科长。

宗智于重庆工商管理学院毕业后,在姑姑的关怀下也有了自己喜欢的工作。他头脑灵光,悟性极强,底气充盈;办事效率高,完成任务好;独当一面的水平超群,组织协调的能力不凡。他,推杯换盏时守住底线,喧嚣纷扰时守住初心,物欲横流时守住原则。人品是最高的学历,是最硬的底牌。宗智恪守厚德,心无旁骛,很快就被提升为单位的中层干部。

21世纪初,李二弟和卢小妹都先后退休了,移居于重庆市渝中区。一家三代人经常欢聚一堂,精神愉悦,人生境界得以升华,简直其乐无穷!近十年,他俩曾到国外旅游,还周游了台湾和四川、西藏、陕西、广西等9个省及北京城,饱览了三十多个景区景点的大好风光。

两年里,两个儿子家里可喜可贺的事儿也不断涌

李二弟和卢小妹都笑了

现——宗杰的女儿于2019年考入重庆工商大学融资学院，宗智的女儿于2020年就读于成都西华大学。

儿子事业有成，孙女学业有成。李二弟和卢小妹高兴得满脸都是甜蜜的微笑，活像两朵盛开的玫瑰花，洋溢着满足的愉悦。

高兴之余，他俩每年都要回大溪一村几次，因为那里满园满地皆念记，一枝一叶总牵情；那里有他们为国辛劳的足迹、勤俭持家的见证、家庭兴盛的积淀。

几十年里，通庚老师曾多次陪伴福莘到重庆的二弟家做客，认识了卢小妹的弟弟妹妹和几位邻居。他们在一起聊天、摆龙门阵的时候，总能听到对李二弟和卢小妹的赞扬。

"李二弟这一辈子，穷也好，富也好；风也好，雨也好，都能一步一步地往前走，而且还走得很稳。"他的师傅如是说，"无论城市人、农村人，要是都像李二弟一样奋发图强，家家户户都会摆脱贫困，过上好日子。"

卢小妹的弟弟说："姐夫哥以德诲子，以理服子，传给两个儿子的不是钱财，而是德才。"

邻居段先生多次称赞："李二弟两口子的可贵之处就是严格管教儿子。宗智和宗杰能有今天，他们的家庭能有今天，是要求严格、办事严谨、态度严肃、严于律己的结果！正所谓：严父慈母，善教子，子志高；金科玉律，良授儿，儿心远。"

福莘见弟弟有这么好的口碑，兴奋不已，欣喜若狂，似乎听到了李家坝的父老乡亲在奔走相告："李二弟在重庆站起来了！"

李二弟和卢小妹用勤劳守护生活，用爱心管教儿子，用赤诚改变人生，用热血与丹心换来了晚年快乐。人生的三大幸事——家旺、有爱、没病一直陪伴着他俩，幸福就像春天的麦种，在美丽的家园落地生根。

（三）

世纪之交时，儿女三家18个小家庭先后在重庆、成都、北京、南充、渠县崛起，22位大学毕业的孙子、曾孙分别在教育、卫生、金融、党政部门工作。

在儿女的心目中：母亲，人世间第一亲；母爱，普天下第一情。世界上很多人情都是假的、空的，唯有母爱才是真的、永恒的、不灭的。

见证岳母的爱心，通庚老师想得最多的是回报、孝敬她老人家。从1966年起，由乡到区，由区到县，通庚走到哪里就把岳母带到哪里，侍奉岳母整整36年。

王大孃进入耄耋之年后，皱纹慢慢地爬上她的脸颊，白发早已取代黑发，可她仍然不遗余力地付出，付出……给予，给予……

她，不辞辛劳地备办菜品，洗衣做饭，打扫卫生；她，满腔热情地看家护家，接待客人，接听电话；她，小心翼翼地整理房间，清洗餐具，收叠衣服；她，语重心长地教儿女处世为人，教孙辈奋发向上……

王大孃晚年享清福

厚德载福，可喜的是王大孃赶上了改革开放、国家兴盛、物质丰富的大好年代。她的儿子、儿媳、孙子、孙女经常带着上好的食品，上好的衣物、最好的心意回家看望她。自从随女儿住进渠城后，天天可以看电视、听音乐；顿顿可以吃白米饭、新鲜菜；随时可以吃

第二章 阳光正道 111

鲜水果、喝养身酒；年年可以坐祝寿席、吃长寿面；白干、茅台酒、五粮液她喝过；人参、银耳、大虾她吃过。夏天，可用电风扇驱热；冬天，可用电炉、电热毯取暖；一年四季都可以在宽敞的客厅里接见来看望她的儿子、儿媳、孙女、曾孙，开开心心地和他们聊天。

王大孃的晚年是幸福的，到92岁时，依然头脑清晰，耳聪目明，口齿清楚，行动自如，生活能够自理，言谈举止有条不紊。很多老年人都羡慕她，说她有福气。

2000年7月，王大孃因病去世，他的儿孙们虔心尽孝，祭奠仪式庄严肃穆。尽管天气炎热，去李家坝的公路在改建中高低不平，坑洼很多，但通庚不顾颠簸，不畏酷暑，回到李家坝守孝三天三夜，直到岳母入土为安。

每年清明节，王大孃的两个儿子和通庚、福莘都要带着儿女到慈母墓前上香、磕头，虔请神灵保佑后代顺发、平安。

潜心向学

读书，不仅是个人进步的阶梯，更是一个家庭走向兴旺的起点。

福莘的母亲说："再苦再累也要送儿女读书。"

汝森叔心中"唯有读书高"，把重视子女读书视为发家的根本，先把潜心向学的大儿子送进大学，再把二儿、幺儿送进小学、中学。

刘妈妈延续汝森叔的"根本"，让二儿子成了光荣的人民教师，把幺儿送进了武汉测绘学院，实现了早年的夙愿，父母亲读书为根、育人重教、言传身教的向学思想成了通庚、福莘的兴家之道。他俩清楚地认识到，让儿女多读书，通过知识改变命运，是振兴家庭最实惠的途径。

"读书不是唯一的出路，却是非常公平的路，不计较天赋和出身，只看重努力和付出。"他们一直把这些话当成真理铭记在心，不知给儿女们讲了多少遍。

家庭是人生的第一站，是人生的第一所学校，理所当然，父母就是孩子的第一任老师。通庚在"读书无用论"期间，长期采用无声的潜意识教育方法教育儿女，始终没有忽视对儿女的培养和激励。

他像父亲栽培自己一样，学习父亲的教子方法，在家里设课堂、编教材；在墙壁上开辟"学习园地"，定期张贴、展示三个孩子的习字、作业、作文、试卷，让他们互相观摩，互相学习。

他面对面地给孩子改作业、改作文、评试卷。

他用自身的特长帮助孩子发展兴趣爱好，亲自教他们拉二胡、唱歌、跳舞，使孩子的个性得到充分发挥，成了学校文体活动的主力队员。

通庚支持儿女购买、阅读课外书籍，单是"小人书"他们就看了六百多本，足足存了两大箱。儿女们在读小人书的过程中，不仅记住了很多故事，而且开阔了视野，增长了知识，学到了不少优词美句和写作方法。事实证明，也是他们的切身体会——天下第一等好事就是读书。

福莘的大儿子张国强从小就聪明、睿智，反应快，思维敏捷，勤学好问。小学阶段，国强学习成绩是班级的尖子，文体活动是学校的骨干。"鹤立鸡群""出类拔萃"——学校领导和老师多次如此赞扬。

20世纪70年代，农村小学附设初中，理科师资力量有限，远远满足不了优等生的需求。喜欢寻根问底、解答难题、拓展思路的国强懂得"学问学问，既要学又要问"的深刻含义，知道"问"是打开知识殿堂的金钥匙，是通向成功之门的铺路石。于是，他利用星期天带上数学、物理课本到镇上去请"老三届"的权威教师指点迷津。他先向老师请教课本的重点、难点，接着请老师答疑，最后请教解题思路，做几道难题。老师听了国强请教的"套路"，就知道他很聪明，每次辅导他都是尽心尽力，并再三叮嘱国强："人生只有不断地学习新知识，充实自己的智慧，才能使自身立于不败之地。"

通庚在涌兴教初中时，利用周一至周五的休息时间把经过筛选的各种类型的语文练习题、数学练习题、考试题、模拟题等分别抄在一个16开的大本子上（适当留出空白）。到了周末，把本子带回家，让两个儿子在下一周解答。下一周，他又用另一个本子摘录新题目，再带回去让他们解答。如此操作，既满足了儿子的求知欲和进取心，又让他们大开眼界，见多识广，触类旁通，学习成绩一直在班上遥遥领先。

"李主任，你家三个孩子期末考试成绩都是班上第一哟！"学校教导主任到福莘家报喜，"家庭教育配合学校教育，你们家是做得最好的！"

　　一行行勤奋的足迹，显示着珍贵的人生。1977年，全区中学生毕业会考，福莘家的国强超过分数线一百多分被重点高中录取。

　　人生的价值在年仅14岁的国强身上得以体现，他用事实证明：一切闪光的有价值的成果，都是在顽强拼搏和不懈进取中获得的。

　　1978年，通庚老师被调到渠县贵福的地区重点小学任教。翌年，福莘带着母亲和儿女搬迁到贵福公社安家，结束了夫妻分居16年，父子各在一方的流离生活。读重点高中的国强回家又近又方便，凤鸣和晓慧在父亲的学校上学，福莘任公社妇女主任早晚在家，王大孃帮女儿做家务。全家人天天团团圆圆地坐在一张桌子上吃饭，尽显家庭的温暖和喜气。

　　初冬的黄昏，斜阳走过了辉煌的路程后渐渐西沉下去，微弱的光芒给大地罩上了蝉翼般的光彩。云朵染上了霞光，像少女披着粉红的轻纱姗姗而去。房屋后面，裸露的枝丫映照在地上，似一幅粗略的素描，显得异常宁静……

　　王大孃早早地为儿孙们准备好了饭菜。

　　晚餐桌上，晓慧夸外婆做的饭菜特别好吃；凤鸣不停地给外婆奉菜；女婿给岳母敬酒……温馨、祥和的家庭满载欢乐。

　　福莘语重心长地给孩子们讲："爸妈工作调动，给你们创造了良好的学习条件，希望你们三兄妹都要用心读书。"她既高兴又激动，"只有读书，才能使自己变得聪明；知识多、本领强，才不会被人欺负，才能受人尊重；也许你们现在得到的知识不会马上转变为财富，但终有一日，你拥有的科学文化知识会让你大展宏图，会给你带来快乐和幸福。"

　　"诗书传家，不止十代。只要勤读书，多读书，读好书，世世代代都会富贵。"通庚再三强调。

　　三个孩子全神贯注地聆听爸妈的教导。国强满有信心地表态："请爸妈放心，你们的儿女今后都是大学生。"

王大孃笑了，通庚和福莘也笑了，孩子们的笑脸上充满自信。

福莘的二儿子凤鸣上初中时，他的大爸大妈就是同济大学的教授了，幺爸正留学德国攻读博士。他立志要像伯伯叔叔那样有远大抱负，把学识和才华献给祖国和人民。

"不立志，何谈将来立德、立功、立言？"凤鸣心底一直记着这句话。

初中毕业后，凭他的成绩可以上很好的中专，可他为了以后上大学，坚持要读重点高中。

高中期间，寒暑假回到家里，他向父母提出的第一个要求是给他找一间屋子。他要排除干扰，单独在那里安静地学习。

升学考试的成绩未达到大学录取线，但可上省属中等专业学校，他再次放弃，又回学校复读一年。

这一切，通庚和福莘看在眼里，喜在心头，为儿子志向高远而骄傲。

升学，有望穿秋水般的等待，也会有意想不到的惊喜。1982年，凤鸣如愿以偿，美梦成真，以优异的成绩考入西南财经大学。

"李乡长的二儿子决定的事就不轻言放弃，不达目的誓不罢休！"乡干部们赞不绝口。

"一只没有远大抱负的鹰是不可能翱翔蓝天的！"通庚老师的同事夸奖他家凤鸣有"鸿鹄之志"。

"人生如果没有大志向，就没有成功的动力。志向越大，成功的可能越大；志向不是对美好未来时有时无的向往，而是对一个清晰目标的追求。"这就是凤鸣的内心世界——"没有实力的志气等于空谈"。

福莘的女儿晓慧自从听了爸妈关于读书好处的一席话后，学习更加勤奋，小学毕业考试成绩居全区第一，随后，跟着父亲走进县城，到重点中学读书，高中毕业后考入重庆师范学院。

家庭文化

家庭文化在家族发展的进程中起着不可估量的作用，有什么样的家庭文化就会有什么样的未来，什么样的结果。

汝森叔和他的儿孙们都非常注重家庭道德建设，倡导耕读为本，诗礼传家，发扬勤俭、向学、孝亲、诚信等优良传统。良好的家庭文化氛围对保持家庭发展的生命力与稳定的持续力起到了积极的推动作用。他膝下孩子的几个家庭在几代承续过程中形成和发展起来的家庭文化，包括家庭的衣食住行等物质生活和伦理道德所体现的情操都富有一定的文化色彩。

"仁义礼智信"是中华传统美德的精华所在。汝森叔不仅端端正正将这句话贴在家里的神台上，而且经常给儿女讲解，教儿女践行。

源远流长、博大精深的中华民族文化如同耀眼的星座，光耀了悠悠五千年。其中的许多精华被代代相传，价值历久而弥新，意义深远而感人。这就是我们所说的国学文化经典。

张正元三兄弟和他们的儿孙都信奉儒家文化，认真读过《诗经》《大学·中庸》《道德经》《围炉夜话》《增广贤文》等二十多本"中华国学经典精粹"，有效地提高了自己的道德情操和文化素养，促进了家庭和谐。

汝森叔家几代人形成的32字家风、16字家训、35字家教（详见"积淀无价"）都是家庭文化的延续和传承，直接影响着家庭成员的价值观和道德内涵。

他们家的家风、家训、家教，就是让每个成员的思维习惯和行为习惯相互碰撞、磨合、传承和发展，形成一种对整个家庭有着重要影响力的环境和氛围。

中国几千年形成的农耕文化源远流长。一年四季，二十四节气能反映出的气候变化、雨水多寡和霜期长短，对农业耕作具有重要的指导意义和深远的影响。与土地、农事打了几十年交道的汝森叔、刘妈妈，记得很多有关时令、季节的农谚，如：

> 立春之日雨淋淋，阴阴湿湿到清明。
> 惊蛰节，惊蛰节，我点南瓜最肯结。
> 清明雨星星，一棵高粱打一升。
> 立夏小满正栽秧。
> 一伏秧窝二伏谷，三伏四伏收进屋。
> 处暑（种）荞子白露（种）菜，七月（长）芋子八月（长）苕。
> 胡豆点在寒露口，一升打一斗。
> 霜降，霜降，胡豆麦子丢在坡上。

一对经验丰富的农民夫妻在农业耕作中能自觉记住二十四节气，能适应四季轮回的客观规律和春夏秋冬的季节变化。他们尊重自然、顺应自然规律，不违农时，不误农事，按节气安排耕耘、播种、田间管理等农事活动，春种、夏长、秋收、冬藏都十分顺利，每一季、每一年都能获得可喜的收成。二十四节气凝聚了古人的智慧，是民族文化的重要组成部分，在中华民族的农业生产和生活实践中发挥了巨大的作用，具有不可磨灭的文化价值。

通庚跟随父亲劳动的几年里，不仅记住很多农谚，能背诵"二十四节气歌"，还知道什么节气干什么活。后来，他带领家人适应季节变化，亲近自然，尊重自然，自觉维护良好的自然环境。退休后，他和老伴一起经营"开心菜园"时，种菜、种瓜、种豆都按季节和时令进行劳作，古人的智慧和家庭文化提升了他们的劳动价值。

在农村生活了几十年的汝森叔,对民众生活的风俗习惯了如指掌。

新年前的腊月初八,全家人吃腊八饭时,他强调勤俭节约。腊月二十三,他要敬灶神菩萨,随后几天就是理阳沟,清扫屋檐上、房梁上、墙壁上的灰尘,把屋内屋外打扫得干干净净。除夕那天要贴春联和门钱纸,早晚要放鞭炮,晚上给儿女发压岁钱。大年初一穿新衣,全家人玩耍一天。到了初三,他向全家人说:"初三烧了门钱纸,大人下地劳动,细娃儿去捡狗屎。"

清明前,他都要领着儿子去祭扫祖坟,磕头作揖,上香烧钱纸。五月初五端午节,家里要挂菖蒲、艾蒿,饮雄黄酒,意在驱邪除秽,保家人平安。七月十五是鬼节,祖先要"回家拿钱",汝森叔就得提前包"袱子"。所谓袱子,是一种形式独特的冥钱,大都用一叠火纸作内芯,再用纸封好,正面犹如信封一样。他在首封上书写"恭逢""虔具信袱(冥财)""奉上""故显考""孝男"等,心意特别虔诚,用词十分讲究。

民俗文化是历史悠久的文化遗产。民众创造、共享、传承的风俗生活习惯使社会文化生活更加丰富多彩,使人民精神风貌更加昂扬向上。

通庚从六七岁起,年年岁岁都要和父亲一起投入到象征吉祥如意好兆头,使自己心灵得到安慰的民俗文化活动中,直到80岁,年年都要向父亲那样孝敬祖先,传承民俗,祈求平安。

家庭文化的塑造者是家庭的每个成员。和谐幸福的家庭文化,需要爱心、恒心、智慧,需要家庭成员共同发扬光大。

汝森叔随时想到"有田不耕仓廪虚,有书不读子孙愚"。他深明大义,能为抗美援朝、邮电事业、教育事业尽绵薄之力。刘妈妈经常告诉儿女:"吃得苦中苦,方为人上人。""误了一年春,十年理不伸。"

老一辈把传统文化、家庭文化融于自己的言行,潜移默化地熏陶儿孙，促进了家庭的发展和兴盛。

从小喜欢唱歌跳舞，会唱花鼓词、会打金钱棍、金钱板，会拉二胡，会弹风琴的通庚老师传承家庭文化颇为热心，晚年在电脑上写书，反映家庭文化的三本著作均已出版。

第一本《往事历历》，让子子孙孙、直系亲属了解家史，铭记家训，弘扬家风，珍惜亲情和友情；赠送给所有的晚辈、亲友和部分张氏宗亲阅读、惠存，留个念想。

第二本《从教与悟教》，把教育生涯中积累的教育理念、方法、心得、体会汇集成册，提供给学校教师和家庭教师（爷爷奶奶、外公外婆、爸爸妈妈）参阅、借鉴。张李两家的成员人手一册，当成培养后代的参考书。

第三本《乐在其中》，记叙自己从滚滚红尘中走来的一些感悟和有关人生、世态、真情、快乐、正气的实相；和年轻一代谈笑红尘，让其多一些警觉和醒悟，多一些阳光和欢乐。

李福莘特别注重居室的朴素、美观，把书法作品"精气神"、刺绣作品"家和万事兴"挂在客厅，"福"字贴在墙上，饰品、花瓶、茶具、果盘置放到位，沙发、桌椅、衣柜、书柜陈列整齐，打造了十分浓厚的家庭文化氛围。

家庭文化的最大受益者是家庭的每一个成员。家庭精神生活的文化体现，培养了国强、凤鸣、晓慧良好的生活方式、生活作风、道德规范和为人处世之道。每个小家庭都深受传统文化的熏陶与浸润，夫妻恩爱，相敬如宾，孩子茁壮成长，学习氛围浓厚，且与邻里、学校、社会关系融洽。家庭文化促进了各个家庭的快速发展且具有可靠的稳定性和持久性。

齐心合力

家庭里成长起来的新一代都要面对读书、就业、成家等问题，谁也回避不了。家庭成员只要依靠家庭，凝聚家族互助的力量，齐心合力，就可以克服兴家过程中的种种困难，在关键时刻心想事成。

解放前，福莘的父母和幺爸幺妈没分家，一起住了十多年。福莘的父亲死得早，幺爸幺妈则是家里的主要劳动力，对家庭，对福莘和哥哥、弟弟的付出是无可非议的。所以，福莘对幺妈有着深厚的感情。

解放后，福莘家和幺妈家分家门、立家户，幺爸又在艰苦年代仙逝，幺妈儿子李全的婚姻东不成西不就。她心急、犯愁，多次求助于福莘，盼望已参加工作的侄女凭人缘帮她找个儿媳。福莘一直把这件事放在心上，明察暗访，终于看上了曹家的一位姑娘，托人介绍给幺妈的儿子，撮合了一件喜事。后来，李全和曹姑娘先后生了两个儿子，长大成人后都在蓉城工作，并把婆婆和爸妈接到大都市享福。这件事已经过去了四十多年，但李全、曹姑娘和他们的两个儿子一直没有忘记"红娘"的那份情谊，没忘记家族互助的好处。

1970年，福莘的儿子国强下肢突发骨髓炎，不能直立行走，经几家医院为期一个多月的治疗，病情仍不见好转。

福莘对重庆的弟弟说："哪怕是丢了工作和饭碗，砸锅卖铁，八方寻医，四处找药，我也要把儿子的病治好，让他继续读书。请弟弟你支持姐姐！"她横下一条心，信心十足。

"当舅舅的一定尽力而为！"弟弟态度鲜明，立即在重庆打听名医。

他鼎力相助，很快就拜访到重庆骨科医院杨亚华医生。老中医仔细检查、诊断国强的病情后，蛮有把握地告诉福莘："坚持吃中药，可以治愈。"

杨医生的妙方是：用大剂量中草药与猪蹄一起煎熬成汁，让国强每天喝六次，再用特效中药面剂敷于小腿部位并卧床保养。

三五天过去了，红肿、疼痛减轻，10天过后，红肿、疼痛消失，半月后的一天上午，国强竟然能自己下床解小便了。

"杨医生，太神奇了！""简直想不到！""国强又起来了！"福莘、弟弟喜出望外，笑声、赞扬声是那么响亮、甜美。福莘和儿子抱成一团，同时流下了激动、欣喜的热泪。

一个家庭，团结就是力量，团结最为珍贵。姐弟团结一致，同心同德，终于战胜了病魔，使国强获得了新生。

从那以后，国强不止一次地道出肺腑之言："我要终身回报伟大的母亲，是她给了我第二次生命；永远不忘舅父舅妈和杨医生的救命之恩！"

王大孃的幺儿和女儿都住在城市，经济条件比较好。姐弟俩经常回到李家坝看望母亲及大哥，一住就是好几天。福莘的大哥挑水拿柴，安排食宿，里里外外忙个不停。一娘所生的亲兄妹不分彼此，亲密无间的感人情景一直留在几家人的记忆深处。

一天上午，福莘突然发现家里多了个小男孩，少了个"五姑娘"，觉得有猫腻，再三追问哥哥嫂嫂：

"你们的五女儿到哪里去了？"

"这个小男孩是哪里来的？"福莘的弟弟也认为有问题。

哥哥嫂嫂想隐瞒真相，便低头不语。

"妈，难道你也不晓得吗？"福莘很生气，"今天你们要是不把五姑娘找回来，我今后就不回这个家！"

王大孃一看，瞒是瞒不住的，只好直说："你嫂嫂接连生了五个女子，想必今后无依无靠，就把老五抱到王家沟，换了一个男娃儿回来。"她左右为难，生怕惹儿女生气。

福莘的弟弟很气愤："老五是你们的血肉，是李家的后代，你们就忍心抱给外人！"

"李家坝的环境这么好，家里有吃有穿，怎么能让自己的女儿到山沟里去受苦受罪呢？"李福莘直言道，"哥哥，今天下午你们若能把娃儿抱走，把老五换回来，今后，你家几个女儿读书、工作我们都会帮助。如果你们一味要换，就别怪我不认你这个哥哥。"

王大孃和他的幺儿都同意福莘的意见。

哥嫂无奈，当天下午就把小男孩还给人家，抱回了自己的女儿。

20年后，五姑娘在南方打工时恋上了老乡华仔，二人结婚后正赶上渠县火电厂招工。福莘见华仔完全符合招工条件，极力举荐，终于把他送进厂里当了工人。在随后的年代里，五姑娘一家住在县城，有了新房，有了爱车，儿子大学毕业后在银行上班，日子过得甜甜蜜蜜。

事实让福莘的大哥明白：单丝不成线，独木不成林，个人如果置身于家庭和亲人之外，凭自己单打独斗是办不成大事的。

通庚和福莘共同策划幼师培训

1980年，邓小平"从娃娃抓起"的讲话深入人心，贵福乡政府决定普及幼儿教育。福莘知道，培训一支幼师队伍是普及幼儿教育的关键，便请示领导，让每个生产队推荐一名责任心强，有一定文化水平的年轻女同志到乡上进行培训。

通庚的音乐爱好一下子派上了用场，主动帮福莘准备幼儿歌曲、幼儿舞蹈、幼儿体操等学习材料。开班那天，十多位乡干部，六十多名幼儿教师济济一堂。领导动员讲话后，福莘先讲幼师职责、安全知识，并将印好的学习材料分发给每位学员。接着是通庚老师教学员唱歌、背儿歌、学舞蹈、做体操。琴声、歌声在礼堂回荡，队列、舞姿在院坝展现。每位幼师勤学苦练三天，天天都是下午五六点钟才回家。培训结束那天，乡政府召开三级干部会，每个大队的幼师轮流上台表演。乡上、大队、生产队的干部看到自己推荐的幼师经过培训后能说会讲，能唱会跳，办幼儿班信心十足。会后几天内，全乡各个生产队无一空白，都办起了幼儿班。县妇联闻讯后，先后组织其他区乡的有关人员前来参观。年终，贵福乡妇联被地区评为幼教先进集体，福莘和通庚双双进入普及幼儿教育先进个人行列。

公社普及幼儿教育效果良好的关键是集体力量、群众智慧。福莘和丈夫一起培训幼儿教师，在全过程中深刻地体会到团结协作的好处，尝到了夫妻合作办事的甜头，也再一次见证了爱人的运筹能力和文娱才艺。

就在这一年，夫妻俩都加入了中国共产党。通庚当上县人民代表、副校长；福莘晋升为管委会副主任、副乡长。

说来也奇怪，福莘的大哥大嫂一心想生个儿子，不料几年后又生下一个女儿。但两口子记着妹妹说过的话，把希望寄托在10年之后。通庚期望小侄女今后有出息，便叫她"胜男"。上学时，她要"青出于蓝而胜于蓝"，就更名为"胜兰"。

1984年6月，通庚老师在教学研究方面颇有建树，被文教局调到渠县中小学教学研究室任小学语文教研员。1985年，福莘调任渠县新华书店副经理，和母亲、女儿一道来到了县城，安居在城中央的一栋旧楼里。从那以后，无论是工作、人际交往方面，还是居住、购物、交通比起区乡都方便多了，良好的机遇也有不期而至的可能。

一转眼，10个年头过去了。1988年六一儿童节后，福莘的大嫂带着正读六年级的幺女胜兰到城里看望婆婆，顺便把书包、课本、文具、衣物也带上了。

王大孃见了儿媳和孙女分外高兴，连忙张罗午饭。可她见到书包、衣物后就冲着儿媳生气："你把这些东西带来做啥子？"

"姑爷前年说，今年过了六一儿童节胜兰就到渠县城里来读书。"儿媳生怕惹怒了老太婆，细声细气地解释。

"姑爷没事干，寻个虱子到脑壳上痒！"王大孃似信非信，"他下班回来后我问问就晓得了。"

中午，通庚老师和福莘先后回到家里，婆媳联手做的午餐也端上圆桌。席间，王大孃问女婿："是你叫胜兰进城读书的吗？"通庚满口应承："前年就说过，明天我就到学校联系。"

胜兰妈心中的一块石头落下地："谢谢姑爷，给你添麻烦了！"

王大孃和福莘打心眼儿里高兴，脸上、眉宇间都透出喜悦。

胜兰没有辜负父母和姑父、姑妈的希望，小学毕业后顺利考入初中；中专毕业后当上了光荣的人民教师，找到了如意郎君，走进了美好家园。

事实又一次让福莘的大哥明白：机遇不会提示你该从什么时候开始，在良好的社会环境和以人为本的新时代，一个家庭只要持续保持主动积极的状态，就有抓住机会的可能；要是忘记了妹妹、妹夫说过的话，不主动把女儿带进城，机遇就会擦肩而过。

胜兰在县城小学教书，与文教局的唐先生结婚后，敬老爱幼、居家为人都无可挑剔，唐先生的父母特别满意。胜兰的父亲喜遇两位亲家可以说是他前世修来的福分。两位亲家不仅善待他的幺女，而且在关键时刻给他的二女、三女以及两个外孙都找到了工作，把户口落到南充。

福莘的大哥最终明白，家族互助的力量不可小觑，没有家族观念的人永远都会感到孤独无助。个人离开家庭不可能得到幸福，正如植物离开土地而被扔到荒漠不可能生存一样。

渠江上的渡船

几年后，福莘大侄女的女儿轻车熟路，像胜兰一样来到通庚家上小学，中学毕业后考入幼儿师范学校，同样成了人民教师。

福莘利用城市居民就业，大学毕业生就业的政策和条件，落实了通庚外侄和外侄女婿的工作；还把通庚二姐家德才兼备、业务能力很强的两位年轻教师举荐到县城学校教书；协助重庆的弟弟，让两位侄儿的学习和工作落地生根。

有人说，福莘的家就像渠江边的一只渡船，把一批年轻人送到了幸福的彼岸。

有人说，这只渡船承载的是大家庭中的亲情，承载的是家庭成员齐心合力、互帮互助的美德。

的确，中国是一个家族社会，一个人想要有所成就，必须借助家族的力量，单枪匹马闯天下的时代早就不存在了。

家兴人旺

俗话说得好,家以和为贵。一个人具备了和气,就能赢得好人缘,一个家庭的成员能和睦相处,都心怀振兴家庭的使命,作出自己应有的贡献,就能赢得好福气,家庭就一定会兴旺起来。

"和睦的家庭,再穷也能兴旺;不和睦的家庭,再富也会败落。"这是汝森叔家几代人一致的看法,"一家人过日子,总得要和和气气,如果家庭矛盾不断,每天调和家庭关系已经筋疲力尽,哪里还有时间和精力去打拼事业呢!"

通庚的兄弟姐妹和他们的儿子、儿媳都知道:如果一个家庭里每天都纷争不断,每个人心里都想着自己的小算盘,总怕别人多占便宜而自己会吃亏,这个家庭就会离心离德,无法凝聚家庭的力量,别有用心的人还会欺上门来,这个家庭就没有发展前途,更谈不上兴旺。

刘妈妈的儿女欢聚一堂

"亲人不睦家必败。"这是美国政治家、战略家、第16任总统林肯的高论。

的确,在一个家庭里,最忌讳的就是家人之间的关系不和谐。如果夫妻或兄弟之间整天吵架,会把福气也赶跑。

通庚的大哥张正元、嫂嫂赵清澄、弟弟张正禄回到渠县，就会一连几天都住在福莘家里。六个家庭的兄弟姐妹，侄男侄女和和气气地欢聚一堂，追念父母，谈论晚辈，交流居家处世的学问，畅想未来美好生活，浓浓亲情洋溢在每位亲人的脸上。

正元、通庚、正禄曾多次在上海、北京、成都、自贡、渠县、东莞等地与兄弟姐妹、儿子儿媳、女儿女婿、侄男侄女、家孙外孙聚会。亲人们共享美餐、举酒祝福，围绕读书、勤劳、育人、持家、处世等相互交流、畅谈体会、启迪晚辈，促进了家庭的和谐与稳定，奠定了后代成才的基础。

福莘七十晋一那年，张家李家八十多位亲人会聚成都举行了隆重的生日庆典。4位年仅10岁的孙儿担当主持人，那场面、那气氛、那盛景，无不彰显家兴人旺。既温暖又富有人情味的聚会，给一大家子带来前所未有的喜庆与欢乐。正如德国著名思想家、作家、科学家歌德所说："无论是国王还是农夫，家庭和睦是最幸福的。"

每一次聚会时，最受人尊重的是李福莘。

"妈，生日快乐！""姑妈，保重！""婆婆，健康长寿！""舅妈，天天开心！"亲昵的问候、祝福、寄语此起彼伏，尊重的称呼是那么亲、那么甜。

心胸像大海一样宽广的福莘是亲人口碑中的"大好人"。晚辈敬重她，就好比香料，捣得越碎，磨得越细，香得越浓烈。

无论通庚、福莘的家在哪里，精致的刺绣"家和万事兴"的警句都会端端正正地挂在客厅正中的墙上，时刻透视家人的言行，渲染和谐之家的良好氛围。

父母不失其常，则子孙和顺。

国强在《论语·学而》中懂得"礼之用，和为贵"的意思后，对家庭和睦体会最深。他对弟妹说，人生活在世间，不能离开社会，不能离开家庭而独自生存。家庭之中，贵在和顺，若是兄弟和睦，即使是贫穷的小户人家，也一定能兴盛起来；若是兄弟不和，即便是权贵之家也一定会走向败落。

"家和万事兴"犹如一面明镜，照亮了国强、凤鸣、晓慧的心扉，照亮了他们兴家、发家的道路。

古人云：家庭和谐、儿女孝顺、子孙上进，是一个家庭兴旺的三个征兆。张家具备这三项，所以人气旺，财气也旺。

张氏家族的第三代传人是正元三兄弟的6个儿女。他们的同一祖籍是渠县立石沟，同一祖父是汝森叔，血脉里流淌着同一祖宗的遗传基因。

儿子和儿媳、女儿和女婿组成了6个新生小家庭。12位年轻人都是大学生（其中大学教授2人，博士、硕士5人，高级管理人员8人）。双双两两"对待一份感情不辜负；对待一份信任不欺骗；对待一颗真心不伤害；对待每一次陪伴都放在心上；重视每一次的关心，感动每一次的理解和体谅"。

12位年轻人分别在教育、证券、人寿、金融、城建、环保、电信等部门工作，虽然年龄、性格、工作、专业不尽相同，但都具有相同的优势：

  学历较高，素养深厚
  孝敬父母，关爱子女
  进退有度，珍惜拥有

  爱学习，求进取
  能办事，会处世
  懂知足，不奢贪

"天行健，君子以自强不息；地势坤，君子以厚德载物"，他们效法天地不停地运转而坚持不断前进，自强不息；他们效法大地气势宽厚和顺而自觉增厚美德，容载万物。

他们立身齐家，把"家庭和谐、儿女孝顺、子孙上进"当成座右铭，是张氏家庭发扬优良风尚，追求子孙亨嘉的中坚力量、中流砥柱。

众所周知，一个家庭的兴旺，不是靠财富丰盈，而是以人才为本。越是有智慧的人，越重视子孙的培养和教育。

"留给子孙财富，子孙未必能守住；留给他们好学上进的习惯，才能让子孙茁壮成长。在一个有向学家风的家庭中，虽然不可能让每个子孙都出人头地，但能让每个人都积极进取，不会庸碌无为。"这是6个小家庭培育后代的指导思想。

20世纪末，正元、通庚、正禄三兄弟共有家孙、外孙8人。不用说，他们分别是6个小家庭的得意门生。

爷爷奶奶，外公外婆在带孙儿外孙的年代里，左邻右舍、三亲六戚都夸张家人气旺。有人说他们是大树，是雨伞；有人夸他们是阴凉，是阳光；有人称他们是雨露，是暖风；更多的人是羡慕他们有福气。通庚和福莘却认为，带孙子是为儿女分忧，是培育后代，是神圣天职，应以此为乐、以此为荣。

张家"子成龙""女成凤"，不是通过"过度爱护""过度责骂"培养出来的，而是慈与严并施，教与导并重。

一个家族有了几代人教育经验的积淀，有了各种文化资源的浸润，一代一代出贵子的概率就会增大。到2019年，张家12位年轻人的8位得意门生都是美国、加拿大、中国名牌大学的学生，其中硕士、博士研究生4人。

21世纪20年代，汝森叔、刘妈妈的后代发展到32户78人。分别居住在加拿大的温哥华和中国的北京、上海、武汉、成都、自贡、渠县。四辈后代中共有教授、副教授7人，博士、硕士生10人，大学生33人，部门高级管理人才8人，大、中、小学教师13人。立石沟里一个普普通通的农民家庭经过近百年的风雨洗礼，成了名副其实的教育世家、书香门第。

每年过春季，张家的各个小家庭最喜欢的对联是：

兴家立业勤俭节约最为贵
处事待人诚信谦让应当先

勤耕爱读问风远
积德培材世泽长

第三章　群星闪耀

　　教育世家人才荟萃。他们不忘初心，崇高的敬业精神和浓郁的家国情怀熠熠生辉，光彩照耀代代传人。

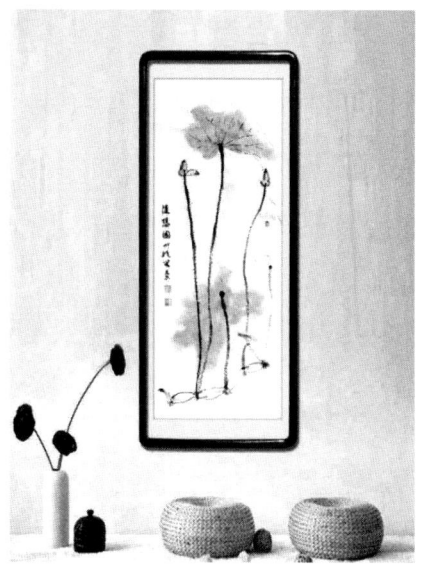

志高行洁

位于上海市杨浦区四平路的同济大学始建于1907年,是中华人民共和国教育部直属,教育部与国家海洋局、上海市共建的全国重点大学。同济大学历史悠久、声誉卓著,理、工、医、文、法五大学院的综合实力位居国内高校前列。

汝森叔的大儿媳赵清澄则是同济大学早期的一位女教授。

赵清澄,1923年3月出生,四川省渠县人,该县第一位女大学生。1948年11月加入同济大学地下党外围秘密组织"土块社",1949年毕业于同济大学土木系和华东革命大学,1950年和汝森叔的大儿子张正元先生结婚,1989年12月离职休养,享受局级待遇。

赵清澄教授是中国实验力学学科的老一辈专家,曾负责同济大学材料力学实验室的建设与管理工作;曾任同济大学实验力学研究室副主任、主任,中国力学学会实验应力分析专业委员会委员等职,在实验力学方面有着很深的学术造诣和丰富的教学经验。1982年,她负责建立了同济大学实验力学硕士点,培养了多名研究生,在国内外取得了卓越的成绩。她曾主编过多本实验力学专著,在同行中受到一致好评,特别是1996年她身患重病,仍坚持主编《光测力学教程》一书,并获得上海市优秀教材成果二等奖,成为国家教委工程力学专业教学指导委员会审定的工程力学专业实验力学课程的教材。

赵清澄教授治学严谨,一丝不苟,对事业执着追求,善于总结,勇于开拓。她负责过多项科研课题,获得过多项奖励,是国内较早从事光测力学和实验固体生物力学研究者之一，为我国实验力学学科的发展作出了不可磨灭的贡献。

出生在立石沟那间厢房的张正元先生，从小学到高中的十多年里，忠诚老实地把"少壮不努力，老大徒伤悲""少年不知勤学苦，老来方悔读书迟"等名言警句铭记心中。农民的儿子读书苦、苦读书，乡村的孩子爱护书、珍惜书，课内课外的书籍装了满满一柜子。汝森叔把这柜子书视为传家宝，小心翼翼地珍藏在厢房的小楼上，后来又完整无缺地搬到"老房子"，一直保存到解放后，让通庚和正禄见证大哥喜欢读书、刻苦攻书的可贵品行。汝森叔送大儿子上学的路上讲读书唯高的道理，深入浅出；用事例开导，潜移默化，把儿子调教成了志向远大的能人志士。1944年9月，正元先生正式成为上海同济大学的学生，农家子弟从那间厢房走向上海大都市，成了立石沟第一位大学生。

解放前夕，正元先生在同济大学读书时，耳濡目染，知道中国共产党的初心是全心全意为贫苦老百姓服务，让劳苦大众当家做主，过上平等自由的好日子。共产党的信仰和宗旨引导了这位从农村走到上海的大学生，使他为国家、为人民作贡献的决心更加坚定。他主动积极申请，加入了同济大学地下党外围秘密组织"土块社"，从事革命工作，退休后享受离休干部待遇。

1950年正元先生于同济大学毕业后在华东工业部大连机车厂任职，1956年回同济任教。从助教、讲师、副教授到教授，他始终没有忘记国家的重托和自己的职责，没有忘记家庭和亲人的嘱托。

长子，念妈情切切，自然灾害那几年，他把母亲接到上海和他同吃同住。

他像父亲一样担当家事，关心弟妹的前途。二妹不识字，他带到上海进夜校，让她不再是文盲；鼓励二弟努力发挥能歌善舞的特长，当教书育人的好老师,用业绩回报教育。

小弟正禄读初中的学费以及读高中、大学的学费、生活费全都由他承担。

父亲死后,母亲年纪大了,他常寄钱回家尽孝心,曾四次回家看望慈母。

作为长子的正元先生不仅要专注他的工作,教好他的学生,还要关心弟妹的前途,肩负家庭的未来,可见担子有多重,压力有多大……

学高方为师,德高才是范。正元教授和清澄教授在同济大学任教的四十多年里,热爱智力生活,不学习、不思考就难受。他俩不仅治学功底扎实,学术成绩突出,而且待人宽和,为人宽厚,和同辈学者坦诚相待,对前辈学者由衷尊崇,具有诚厚谦逊的学者风度。两位学问擅长的教授在同济大学,在"礼仪之邦"的国度里,颇受人景仰与崇敬。

低调,是正元先生的一种智慧,是他积极进取而又不浮夸张扬的秉性。任何时候,他不炫耀自己,不显山露水,不矫揉造作,不抢人风头。

把志向揣在心中,生活在自己的世界里,尽好自己的职责,做好属于自己该做的事,是他的内在涵养。

光明磊落,洁身自好,坦诚大度,秉正持廉,不贪图功名利禄,是他的精神境界。

"越是成熟的麦穗,越是低着头。"虚心、谦逊的正元教授,从不骄傲自大;越是得意时,头脑越清醒,越是冷静。身处红尘世

张正元、赵清澄教授

事的他，永远不迷失自我，始终能够保持谨慎的常态，在闲暇的时光中不断修炼自己，把时间花在自我增值上面。

两位教授真可谓桃李满天下，门徒遍神州。学生怀着崇敬之情，特地送给他俩一副对联：

> 潜心向学，笃怀求知之志；
> 厚德载物，惟愿桃李峥嵘。

意思是说学生拜他们为师，认真读书，好问笃学；老师德高，学问深厚，认真教学生，只希望学生们将来能有出息。

曾任中国起重机协会副理事长的张正元教授在同济大学机械学院从事"塔式起重机"研究的峥嵘岁月里，治学严谨，一丝不苟，善于总结，勇于开拓，对事业有强烈的责任感。他关注社会，关注民生，关注起重机的改进与创新，其研究成果得到中国起重机协会和同济大学的充分肯定：

> 我校机械学院张正元教授同上海市第三建筑工程公司机械修造厂共同研制的"QTG-60IA塔式起重机"最近通过技术鉴定。与会专家们一致认为，该起重机塔头的优化计算数据可靠，优化效果显著，工作状况稳定和安全。而且自重较轻、材料省、成本低，是目前较为理想的塔机。该成果能满足18层建筑施工的需要，同时对下回转塔机的制造、改进具有指导意义，具有国内领先水平。

张正元夫妇相濡以沫，守望相助，言传身教，培育了两代精英：

儿子张子一，为人忠厚，不夸夸其谈。1969年，子一和上海一批知青到安徽滁县插队落户，1979年1月回到上海后，在中国银河证券股份有限公司上海浦东南路营业部工作期间加入了中国共产党并到中央党校学习。

女儿张双双，加拿大拉瓦尔大学数理统计博士、维多利亚大学计算机硕士，温哥华万网公司科技部部长，专门从事高科技信息技术研发。

孙女张奕凡，毕业于加拿大滑铁卢大学，荣获硕士学位。

正元教授品行高洁，宅心仁厚，生活朴素，优良的学者风范在侄儿张国强、张凤鸣的心中留下了深刻的、不可磨灭的记忆。

1971年，正元教授从上海回到渠县立石沟看望母亲后又专程到李家坝看望姻婶娘王大孃和福莘一家。当他听说国强患骨髓炎吃了很多苦头时，不禁流下了心酸的眼泪，抱着侄儿亲了又亲，恭贺侄儿获得新生。他口慈心善、和蔼可亲、平易近人，没有一点架子，并不像人们想象中的大知识分子那样傲气、阔气、趾高气扬。

通庚一家人住在贵福的时候，正元教授也曾前去看望自己的亲人。他亲临教室听弟弟上课，询问侄儿侄女的学习情况。在摆谈和交流中，他对孩子们寄予了美好的期许："目光要远大，要面向未来。""从足下做起，一步一个脚印，但不能故步自封，一定要勇往直前。"远见卓识的教诲，让国强和凤鸣想到了美好的明天。

国强和凤鸣参加工作后也曾到上海去看望、拜访从小就崇拜的"大人物""大教授"。他们见到大伯、大妈家里并没有高档的组合家具、组合沙发，没有成套的电器设备，仅有的两张床、一个衣橱、一个书架，书桌、饭桌都是解放初期购置的，用了五六十年都舍不得更换。因为他们要节省开支，积累资金奉养母亲，供弟弟正禄和自己儿女上学。凤鸣深有感触地说："矮小的木楼，简易的家具，清贫的生活，陪伴他们度过了许多沧桑岁月，记载了他们的辛勤耕耘和艰苦朴素，承载着教授的敬业精神、担当使命和孝道情怀。"

通庚是在大哥的关爱下成长起来并渐渐成熟的。他说给姐姐、弟弟和亲人的心里话就是"全家人都要感恩自己家里的两位教授"，还编写了一副对联，勉励家人向张家的楷模学习：

德高望重为人师表善待同事学子，不愧同济敬业教授
口慈心善以身作则关爱弟妹儿孙，堪称张氏做人楷模

张正元、赵清澄教授是张家后代学习、效仿的榜样。

通庚、正禄以他们为榜样，潜心教学研究、学术研究，为国家的教育事业、测绘事业贡献了青春和智慧，培养了大批人才。

通庚的二儿子张凤鸣正是以他们为榜样，才两次放弃读中专的机会。他向往大学，积蓄学问，最后在首都立业安家，成了高级管理人员。

侄男侄女，外侄外侄女以正元教授为榜样，读书是好学生，工作是好干部，持家是好能手。

回报教育

渠县是四川省第二批特级教师（渠县首批特级教师）张通庚的故乡。

通庚老师在板桥立石沟生活16年，在区乡教书28年，在县城从事教学研究16年。他在渠县这片热土上成长、奋进，度过了六十多个春秋。

岁月过去了，无论何时何地，通庚老师对家乡都怀着一份特殊的情感，他的心永远与家乡同在。立石沟的风，是他不断的牵挂；立石山的云涌，是他挥之不去的思念。梦醒时分，渠县的月亮，总是那么圆、那么亮，总是带着一种神奇的力量；渠县老乡总是那么可亲、可敬，给人旺盛的活力。

20世纪60年代至90年代，通庚老师在渠县教育岗位上致力教书育人，潜心教学教研，培养青年教师，其敬业精神在全县中小学领导、教师以及广大群众的心中都留下了深刻印象；回报党恩、回报教育的历历往事一直记录在很多教育工作者心中的样本上，沉淀在很多老师、学生、家长的记忆长河里。

他年轻时曾因出身不好被一些人歧视。但他有骨气、有志向，在逆境中不轻言放弃，在困难面前不怕吃苦；脚下的路自己走，该扛的事不躲避，向命运挑战，决心找回自己的尊严。他坚信：坚持自己，用心去做，一切都会越来越好。

通庚老师在低年级识字教学阶段虚心向老教师学习，主动向教研组请教，在课堂教学中长期坚持直观性原则。

一天晚上，银色的圆月点缀着深蓝的夜空，闪闪发光的星星活像淘气的孩子们在他身边跑来跑去，追逐玩耍。无声的校园恰似正在酣睡的老人，表情是那样安详、静谧。学校办公室灯火通明，十多位老师伏案备课、改作业，专心致志的神态在明亮的灯光下熠熠生辉。下班后，校长把通庚老师留了下来，围绕识字教学向年轻教师介绍了一整套出现生字、巩固识字、增强记忆（包括使用教具、识字游戏）的操作方法。心有灵犀的通庚老师眼前一亮，茅塞顿开，把"师傅"的点化一一记在心上。

在涌兴、贵福教书的28年里，他多次把自己在教学实践中沉积的体会和经验介绍给全区、全县的公办民办教师。

1962年初，年仅22岁，只有6年教龄的通庚老师对识字教学进行了全面总结和归纳，梳理出9种学习生字的方法，20种当堂巩固复习生字的方法，14种阶段复习方法，9种学以致用方法，并以《识字教学方法》为题写成教学经验，层层上交到县上。翌年5月，渠县人民政府副县长陈有新主持全县小学语文教学经验交流会时，通庚老师在由三百多名教师参会的大会上发言，赢得了一阵阵热烈的掌声。随后，他的经验载入渠县《语文教学经验汇集》。

1976年"文革"结束后，全国大、中、小学恢复正常的教学秩序。通庚老师在全区教师大会上介绍了自己总结出的教学经验。一位中学校长听后说："张老师的经验，就是'文革'前教学工作的缩影。"县文教局一位姓严的"特派员"听了他的经验介绍后，回到县上向教师进修学校推荐。该校何校长及授课教师两次邀请通庚老师为进修班的一百多位学员传授行之有效的教学方法。

1978年秋至1984年7月，通庚老师被县文教局安排到贵福重点小学任教。6年的时间里，他先后5次承担全县性的公开教学，听课教师累计一千二百多人（次）；曾给全地区11个县（市）的文教局局长献课；撰写的两篇经验论文由《四川教育》发表。

师范学校，灵魂工程师的摇篮，理想放飞的地方，蕴藏着教育的未来和希望。这里有如茵的绿树、明亮的教室、忙碌的老师，勤奋的学生，是甘为人梯的有志之士向往的地方。

一天下午，通庚老师应学校领导和全体师生邀请，回到自己的母校讲学。

宽敞明亮的大礼堂里，坐满了黑压压的师范生，几百名即将登上三尺讲台的准教师们就像一枝枝花蕾静静地等待着辛勤园丁的浇灌。

通庚老师想他们之所想，急他们之所急，授他们之所需，寓理论于实际。所讲内容都是以小学各年级语文教材中的课文为例，指导他们钻研教材、备课、上课，把听说读写常规训练、识字教学、讲练结合、读写结合、思维训练、能力培养等方面的具体做法毫不保留地传授给他们。同学们埋头笔记，静静的，只听到钢笔在纸上"沙沙沙"的声音。举实例时，几百双眼睛齐刷刷地盯着讲台，时而凝思，时而频频点头，时而神采飞扬，人人都陶醉在有实用价值的案例之中。一条条切实可行的经验，仿佛山间的清泉，缓缓地流进他们的心田。

没料到，讲座结束时，渠江一小副校长走上讲台，把通庚老师的直观教具全都拿上，诚恳地说："请张老师今天晚上到我们学校讲一堂，满足全体老师久久的仰望和期待。"

老实巴交的张通庚夫妇

晚上七点，张老师在渠江一小副校长的陪同下来到了学校大会议室，只见近百名教师翘首以待，响起雷鸣般的掌声。张老师

第三章 群星闪耀 143

第一次登大雅之堂，但他沉着镇静，侧重"识字教学"和"语言文字训练"，专题讲座进行得井井有条。

通庚老师在教学研究的岗位上工作了16个春秋，其中，任教研室主任，主持全面工作12年。当时，全县中小学近一百所，教师六千余名，学生二十六万多人。县教研室的二十多位教研员都是从基层学校的教学骨干中选拔出来的，单中学高级教师（副教授级）就有13人。

县级教研室的研究范畴很广泛，涉及幼儿教育和中小学十多门学科的教育理论、师资培训、教改实验、教材教法、课堂教学、学生学法、效果测评等方面的理论研究与实践指导，工作面广、工作量大，不付出、不辛苦是不行的。

通庚以身作则，率先垂范，把工作的重点聚焦于面向基层、深入学校、培养教师。

他不畏严寒酷暑，不惧风霜雨雪，早出晚归，奔走在乡村的田间小道上，辛苦于教学的第一线。他走遍了全县95%以上的学校；听课、评课、导课两千多节；亲自上公开课、示范课五百多堂；给上万名学生传授学习方法。

渠县的义和、柏林、蔡和、望溪、东安等十多个边远山区学校一年四季很难见到县城老师"大驾光临"，可通庚老师却专门安排时间，带领分管幼教、小教、中教的教研员到这些学校辅导教师、指导教学。

清早，一行人在家吃了早餐就赶到汽车站乘公交车，到了学校稍事休息后就按计划深入班级听课、上示范课；下午是评课、业务讲座。一整天，面向该校全体教师的教学研究活动内容丰富，时间紧凑，受益面广，连当地的党政领导、干部群众都赞不绝口，夸教研室的同志是"传经送宝"。

金乌西坠，校外的山峦披上了粉红的轻纱，牛乳般洁白的云朵变得像火一般鲜红，落日正把最后的光辉洒向校园，洒向园丁们的笑脸。

活动结束了，惜别时的欢声笑语像海浪一样一阵高过一阵。山间的凉风拂面，人人都感到轻松、爽快。"感谢你们，慢走——""请留步，再见——"教研员乘兴而回，老师们满载而归。

通庚老师清楚，幼儿教师、中小学教师中都有很多优秀人才，关键是要善于发现、善于启用，让他们在实践中学习、研究、锻炼、提高，在公开场所展现自我。基于这个观点，他组织了多层次的让广大教师参与的"合格课""优质课""献课""农村教师赛课""青年教师赛课"等活动。后来，凡是在教研、教改的平台上崭露头角的教师都有所作为，有的当上了学校领导，有的被评为特级教师，有的进了党政机关，有的成了业务骨干。

教育科研比常规教研要高一个层次，要站在科学发展的高度，面向未来，着眼于探究与创新，为深化教育改革、提高教育质量提供策略、举措、经验、方法。通庚老师身为县教研室主任，不仅提倡教研员、学校要有研究课题，而且要从选题、立题、开题、阶段小结、提炼成果、结题验收等方面给予具体指导。

他自己承担地区级、省级教育科研课题3个。"农村幼儿教育管理体系研究""小学语文讲读课文第一课时五步教学法"分别获省人民政府教学成果二等奖、三等奖；"教研室工作的策略与方法研究"获达州市人民政府教学成果一等奖。

他指导骨干教师参加县级、地区级、省级教改实验和教育科研，给一大批年轻教师和热心教研的志愿者搭建了亮相自我的平台，提供了展示才华的机会，培养出特级教师6名，中学高级教师12名。

渠县教育界的不少知名人士都说，20世纪90年代是渠县开展教育科研并取得丰硕成果的鼎盛时期。

谋事在人。通庚老师不说空话，不弄虚作假，不搞形式主义，不愿意白白丢失宝贵的岁月，希望样样工作都能落地生根。

"四川省教研工作先进个人"，四川省教委表彰他。

"四川省特级教师"，四川省人民政府授予殊荣，终身享受特级教师津贴。

1996年，通庚老师任达县地区小学语文专业委员会理事长。

1998年至1999年，四川省教委、达州市教委安排特级教师"支边"，通庚老师先后到宣汉县、巴中市给边远山区的教师代表上示范课，做专题讲座。广大听课教师的评价是：示范课有创新，专题讲座更精彩。

成事也在人。每个人的起点高低不同，但决定性的因素在于此后的志气和能否吃苦，在于人生的积累和沉淀。谁能在实践中积累、沉淀更多的知识和经验，谁就拥有更多的发言权，谁就拥有更多的资本、受到相应的爱戴。

通庚老师退休前夕，将自己多年积累的小学语文教学方法和教案整理、汇编成《教法教案六十例》提供给小学语文教师做参考，作为自己对教育的回报。

他2000年退休后，一直安居成都。闲暇时，教坛耕耘的情景历历在目，记忆的长河里也时时泛起一些小小浪花，溅起滴滴水珠。他透过这些浪花和水珠，似乎看到了学校，回到了课堂，身边围着很多学生；透过这些浪花和水珠，他仿佛觉得自己在教育生涯积淀的经验教训、心得体会和方式方法也许还可供学校教师和"家庭教师"借鉴。

"感叹岁月不留人，须知传道当及时。"2016年，通庚老师决心履行特级教师的分内职责，尽绵薄之力再次回报教育，为学校教师提供教育教学心得体会，为家庭教师介绍育人方法。于是，他不甘寂寞，在反复学习《课程标准》并获得一些新理念、新信息的基础上，用两年时间写下了《从教与悟教》（国际文化出版公司出版），赠送给了四川省雷波县、武胜县、开江县、渠县、宣汉县、万源县，供四百多位教师、三百多位家长参阅。

"为别人照亮道路，自己必须放光芒——这就是人生的最大幸福。"通庚老师把教育生涯中积累的经验教训献给教师、家长，也就是"放光芒""照亮道路"。他感到十分幸福。

鸟飞得再高，也会飞回旧巢；鱼游得再远，也会游回故渊。通庚老师在成都欢度晚年时，总是牵挂故乡的亲人，舍弃不了那份对家乡的眷恋，更是关注家乡的发展与变化。

如今，渠县城发挥"拥江亲水、依水而生、傍水而兴"等优势，已建成马鞍山、文峰山、八濛山三座城市公园和13千米长的两江四岸滨江走廊，"两江润城、三山守望"的美丽画卷清晰地展现在全县人民眼前。文峰山景区的文峰塔、文峰书院、文峰阁、字库塔、诗歌广场、金榜园、玉笔广场等人文景点彰显了群众的智慧，凸显了正义和力量，给人一种美的享受。

传承千年文脉，抒写盛世华章。展望未来，"多彩的山、秀丽的水、宜居的城、厚重的文"将让热爱渠县的人们尽情欣赏、享受。

渠县腾飞了、脱贫了、出名了，他为之骄傲、自豪。

阔别家乡20年的通庚老师每次回到如诗如画的新县城，沿着60个年头走过的地方去寻找曾经留下的足迹时，总是如痴如醉，心旷神怡。

不负众望

20世纪40年代末，汝森叔一家住在立石沟"老房子"的时候，家里门板上的两句古诗"黄鹤楼中吹玉笛，江城五月落梅花"隐藏着深不可测的奥秘。

他怎么会喜欢这首诗呢？是谁传给他的？刘妈妈不知道，她的儿女们也不知道。

他知道这首诗的前两句是"一为迁客去长沙，西望长安不见家。"吗？"

他知道这首诗的作者是李白吗？

一连串的问题，上海读大学的正元先生回答不了，通庚和正禄更无法回答。直到1954年汝森叔逝世，家中也没有一人能解开这个谜。

1962年8月，汝森叔的幺儿张正禄以优异的成绩考入武汉测绘学院。特大的喜讯飞向立石沟，飞向"老房子"，飞向同济大学。住在上海的刘妈妈和她的儿女们皆大欢喜。

通庚高兴之余，产生了一连串的联想——

小时候常听父亲说："千猪百羊万担米，不及汉口一早起。"说明他早就知道汉口很大，人口很多，非常繁华。

也许父亲听人们说过："武汉又叫'江城'，是武昌、汉口、汉阳的统称。"

可能是他在和别人摆谈中知道武汉有座黄鹤楼，位于武昌蛇山之巅，屋面是用十多万块黄色琉璃瓦覆盖构建而成。

就在弟弟正禄出生的那一年，哥哥成为同济大学的学生。父亲特别自豪，畅想、美梦随时在他脑海里萦绕：大儿子在"大上海"读大学，要是二儿子或幺儿子其中一个能到千猪百羊万担米的"大武汉"读大学，不就是心想事成、锦上添花吗？

于是，他专门请当地的私塾先生选了一首与江城、黄鹤楼有关的古诗书于自家木门上，期待着有朝一日……

联想归联想，事实归事实，正禄先生能在武汉读书，实现了父亲的夙愿，把美梦变成了现实。大学毕业工作了8年后，他又荣幸地到武汉测绘学院攻读硕士研究生。1981年9月毕业留校，获得首届工学硕士学位，先后被聘为武汉测绘科技大学、武汉大学的讲师、副教授、教授，成了江城的一枝"奇葩"。此间，他曾多次到黄鹤楼中听玉笛，俯瞰"江城五月落梅花"。

然而，为家庭筑梦的汝森叔，还没有等到幺儿到江城读大学登黄鹤楼的那一天就含冤撒手人寰，离开了他苦心经营的家，离开了一定会孝敬他的三个儿子。无论是谁，都替他惋惜，寄予哀思。

正禄虽然未能像大哥二哥那样享受父爱，但母亲和两个哥哥、两个姐姐对他百般呵护，寄予厚望，从精神上、经济上支持他上学读书。

说到读书，正禄先生无论什么时候，无论走到哪里，学生时代的一件件往事都记得十分清楚。

在板桥上高小时，每天中午用三五分钱能吃一碗干饭或烩面，下午放学回家，有时能吃到母亲用铜罐煨的汤饭。

正禄先生从小就帮助家里干农活，割草放牛，下田栽秧。

一天下午，他在山林里放牛时，牛在一边吃草，自己却去摇动坟墓上的石帽。不料石帽下坠，砸到脚上，深可见骨，鲜血直流。好在当地的郑医官有疗伤的特效药，在家休息一个多月后，伤口愈合了，但留下了终身可见的伤疤。这一次，母亲特别生气，说他是"搬起石头砸自己的脚"！

有一次，他屁股上长了个毒疮，父亲口里含上白酒，用力吸干疮里的脓血才渐渐好转。

小学、初中阶段学得轻松，觉得并没多大压力，学习成绩一路领先，后来顺利地升入师资力量雄厚的渠县中学。

读初中时他还不到14岁，暑假去大峡煤矿挑煤炭，往返要走四五十里山路，到城北农村帮生产队收粮食，一干就是一周。

1958年大炼钢铁，学校也在食堂旁边筑起炼钢铁的土炉子。一天，他和同学端着饭碗去看热闹，无意中在已垮的土炉上留下了脚印。这可是天大的事！被人诬告，说他是有意蹬垮炼钢炉。县公安局的人到校"破案"时，校长证实那个炉子早就垮了，才洗清了不白之冤。

1959-1962年，无情的自然灾害导致物质极端匮乏，粮食、棉布极度紧张，缺油少盐，连点灯的煤油、洗衣的肥皂都是微乎其微的计划供应，肉、糖、豆、面之类的食品更是少得可怜。

读高中的三年里，两个姐姐已出嫁，母亲在上海，小妹随二哥到营盘读书，"老房子"便成了空房。正禄先生远离亲人，无家可归，常常感到孤独无助，寒暑假也只能到两个姐姐家暂住。那时的中学生要参加"大炼钢铁"，下乡干农活，自己挑煤炭。饥饿和疲劳无情地折磨着正在长身体的年轻人，他们很少能吃上一顿饱饭，身体发育受到极大影响。

……

天资聪颖的正禄把困难踩在脚下，把远大的志向揣在心中，主动积极地变压力为动力，变困惑为通达，变逆境为顺境，在艰难中磨砺精神，在困苦中历练心志。学习上，旺盛的求知欲始终未减，勤奋、进取、坚持，成就了他的理想。

1962年，周恩来总理"不唯成分论，重在政治表现"的论述为出身

博士生导师张正禄

不好的学生升学开了绿灯，正禄没辜负哥哥姐姐的厚望，以优异的成绩考入武汉测绘学院工程测量系，圆了父亲、母亲的美梦。

进入武汉测绘学院，眼前的宿舍、食堂、教室、图书馆犹如天堂、乐园。然而，由于出身不好，他在那些年代经历了不少惊涛骇浪。

1968年，他到四川崇庆部队农场劳动锻炼，接受解放军的"再教育"。由于劳动强度极大，胃部大出血，两次住进新津部队医院，一卡车学生至医院为他献血。

20世纪70年代的几届大学生受"文革"影响延迟毕业，还要先去部队或基层锻炼，所以正禄1970年才分配到四川省巴中县水电局，踏上了工作之旅。巴中是个有百万多人口的山区大县，在那里，因出身不好，他属于再教育对象，在批林批孔和批邓运动中如履薄冰。有幸的事，每月有一半时间要下乡检查农田水利建设，参与中小型水库、电站工程的规划设计，大大释放了紧张的情绪。

其间，他尽孝心，把母亲接到巴中住了一年。

党的十一届三中全会后，国家立足于培养国内高层次专门人才，以支撑社会主义现代化建设，继恢复高考制度后，恢复了研究生教育。喜讯降临，正禄先生如鱼得水，远大的抱负激励他在天赋与成就之间架起了一座勤奋的桥梁。他夜以继日地复习功课，书桌、课本、笔记陪他度过了无数个夜晚，明亮的灯光下，他的天赋、聪颖和睿智闪闪发光。

功夫不负有心人，1978年，美梦成真，如愿以偿，正禄荣幸地考入武汉测绘学院攻读硕士研究生。1981年，他毕业并留校，获得首届工学硕士学位，后来被武汉测绘科技大学、武汉大学聘为讲师、副教授、教授。

他持有纯洁的愿望，潜心描绘远大理想，不懈地努力，定要充分体现人生价值。

1985年4月，他成为中国内地在德国汉诺威大学获得博士学位最早的人之一。

他同时也是国务院评定的博士生导师，获国务院政府津贴，成为武汉大学二级教授、十大教学名师之一。

他的研究方向是精密工程测量变形监测分析与预报测量数据处理工程信息系统。他主编的高等学校测绘工程专业核心课程规划教材《工程测量学》，分别于2005年、2013年和2020年出版第一、二、三版，印数已达10万册，可用到2027年，在武汉大学出版社的核心教材中名列前茅。

培养硕士和博士生共计九十多名，指导二百多位本科生设计毕业论文。

他主持和参加多项国际合作项目，完成国家自然科学基金项目两项，承担各种教学研究、科研和科技开发项目数十项，荣获国家级教学二等奖两项（排名第一和第四），获省部级科技进步奖二十余项。

正禄教授拥有一颗纯洁美好的心灵，为世人、为社会作贡献的意志十分坚定。1985年到2014年，他曾担任国家水利和能源部门的水利水电工程测量规范的审查技术负责人和专家，曾带领十余届工程测量专业高年级学生到葛洲坝水利枢纽工程和三峡大坝工程参观、考察、实习，在测绘人才培养和实践性教学方面创立了新模式。他参与了三峡水利枢纽工程施工控制网的设计和数据处理，亲自到国内的锦屏水电站、向家坝水电站、乌东德水电站等多个大型水利水电工程处进行控制网布设、施工测量或变形监测。

我国的杭州湾大桥、武汉长江大桥、大瑶山隧道、秦岭隧道、胶州湾海底隧道、京沪高铁、京广高铁等大工程的建设过程中，正禄教授也参与了工程的控制网测量、施工测量及监理测量。他带领团队所研制的地面网和GPS网平差数据处理软件包——科傻系统——在国内得到广泛应用。

有志者，事竟成。具有鸿鹄之志的正禄教授以科学的态度勤于思考、勇于探索，为国家的测绘事业、水利事业献出了自己的智慧与才能。

刘妈妈幺儿子张正禄的学术造诣比起大儿正元和二儿通庚可谓砖头砌墙——后来居上。

正禄先生的敬业精神受世人仰慕，兴家之道也令人佩服。他上能侍奉高堂老母，下能荫妻教子。1971年，他与上海知青黄菁结婚，1973年喜得贵子后，长期坚持对儿子的教育培养，不仅仅是对知识的学习，还传授生命的信息，唤醒孩子尊重生命的良知和自身美好的"善根"，成为有人性的人。后来，儿子儿媳都成了大学教授。

各展风采

正元之子张子一，通庚之子张国强、张凤鸣，正禄之子张昆是汝森叔家的第三代传人。四位堂兄堂弟虽然都没有见过祖父，但他们铭记祖训，光大家风，不倦地思索，大胆地畅想，对兴家致富、处世为人充满自信，每个人都精心打造自己的青春，编织自己的梦想。

（一）

1951年，汝森叔的第一个孙子张子一出生于上海同济大学同济新村。

少年时代的张子一性格内向，言语不多，喜欢直来直去。他老实、忠厚，从不炫耀自己，在学习和生活上都有很强的自觉性，无须父母操心。虽然上海的学校同样受到那些年"运动"的冲击，但他还是修完了高中的全部课程。

1969年，刚刚高中毕业的子一响应"知识青年到农村去，接受……再教育"的号召，和上海一批知青上山下乡，先去离家很远的江西峡江插队，后转到地跨长江、淮河两大流域的安徽滁县落户。

上海插队的知青一般三四个人一个小队，一起住生产队的仓库，在泥水工帮他们建造的土灶台上轮流做饭。他们一年四季，和农民一起兴修水利，改土造田，搞农田基本建设；一起翻地、下种、松土、锄草、施肥；一起收割田里的水稻，地里的玉米、小麦、油菜……

这样生活，如此劳动，张子一经历了整整10年，很多艰苦、辛酸的场面一直沉积在他的脑海里，时时浮现在他的眼前——

每到春天，劳动就开始上强度了。早上六点多钟天还没亮，村里就有人喊："上山干活去喽！"一队队知青就要跟着农民到田间整地、送肥、修渠，不会干也要跟着干。

往田间挑粪是又累又脏的活儿。路远，又窄又弯，全是那种"之"字形的羊肠小道。知青挑着装满沤好的农家肥的担子在崎岖的小路上一步一滑地挪动、跋涉，劳动强度非常大。这样的磨炼，还得承受，是折磨、是遭罪，都不能回头。

刚开始，大家用扁担挑水、担粪、送肥都不习惯，特别吃力。一是掌握不好平衡，不是往前就是往后；二是木头扁担特别硬，所有重量结结实实地压在肩膀上，肩膀受不了，被磨破了皮，疼得难以忍受……队长在看，相互在比，大伙儿都不想被落在后面，就使出全力尽量走快一些。结果，适得其反，力气很快就用完，再干后面的活，劲儿就使不上了。

后来，慢慢地，知青们才发现农民上山下地的时候并不是健步如飞，而是慢悠悠的，因为他们一天到晚都要干农活儿，就像长跑一样，不能一开始就冲刺，必须要保存体力。所谓"长年活，慢慢磨""一锄挖不出个金娃娃"，会积蓄能量，会巧用力气，才能胜任长年累月繁重的体力劳动。

夏收的时候，知青到山上去收麦子。麦子割好以后都是一捆一捆地码起来，往回运的时候，扁担两头各插一捆，用肩挑回。挑麦子更累，中途只能换肩，不能把扁担卸下来休息，因为一旦把挑子放下，一捆麦子在地上一墩，麦粒就会散落。当时亩产不到100斤，如果在往回挑的途中掉几斤麦粒，损失是非常大的。

一季复一季，一年复一年，张子一和农民一起种了不少庄稼，收了不少粮食，生活从不适应到基本适应，干农活从不熟练到比较熟练，对"一粥一饭当思来之不易""盘中餐粒粒皆辛苦"的含义以及劳动的价值也理解得更加透彻。艰苦的生活，繁重的体力劳动磨炼了张子一的意志，使他增长了见识，变得更加成熟。他走的是路，历练的却是人生。

1968年至1978年，全国约有1700万城镇知青下乡，其中1500万人以上失去了上大学的机会。在这十多年中，大多数下乡知青和他们的家庭顶着巨大的政治压力，使用各种合法或不合法的手段，都在尽全力争取返城或参工。然而，回家的机遇始终没有降临到子一的头上。

1978年下半年，北京市率先停止了应届中学毕业生下乡的行动，彻底放开了"病退"和"困退"的把控尺度，从而使得数万名北京知青得以返城。紧接着，1979年1月，云南农场知青开始大规模请愿活动，绝食、卧轨，只为了"我们要回家"！

在极大的社会压力之下，中央正式停止了施行多年的上山下乡政策。就在这一年，子一有幸从滁县回到了上海。

……

知青上山下乡已过去四十余年。而今，张子一和亲人们以积极和阳光的心态回顾这一段历史，觉得知识青年上山下乡对农村的文化启蒙作用不可低估。知青的思想理念、文化素养和生活习惯都给农民带来了积极的影响，文雅整洁、多才多艺，成了农村青年效仿的榜样。

知青，为农村人融入城市留下了值得书写的一笔付出，将城市文明带入农村的功绩已载入历史。

张子一回到上海后，以只争朝夕的毅力刻苦自学，积极进修，获得了大学专科文凭，后任中国银河证券股份有限公司上海浦东南路营业部副总经理。

中国银河证券上海浦东营业部位于陆家嘴地区东部，交通便利，地理环境优越，投资氛围浓郁，投资理念先进。张子一任副总经理那些年，和营业部的领导、员工一起，借助独特的历史、品牌和股东优势以及综合全面的业务实力，为政府、企业、机构和个人提供智库咨询、财富管理、国际业务等综合金融服务，都取得了十分显著的成效。

2018年，66岁的张子一带着妻子余悦平到成都看望二爸、二妈。通庚、福莘的儿子儿媳、女儿女婿非常热情地接待了来自上海的堂兄夫妇，车子接送、安排食宿、旅游观光、亲人会面等都考虑得十分周到，聊天、拉家常、聚餐，都饱含着血浓于水的同脉亲情。

（二）

汝森叔的第二个孙子张国强专业是分析化学，曾在环境监测站、锰矿、冶炼厂的化验室工作，与瓶瓶罐罐打了十多年交道；后来到金融部门上班，在银行兢兢业业近30年。

国强在化验室任化验员期间，不是像第一线的工人那样天天与机器对话，也不像销售人员那样经常与客户交谈，而是提着贴有各种标签的精致小桶，迈着轻盈的步伐走向目的地采取样品。

他心里明白，定性分析、定量分析、结构分析是分析化学的三大任务；他把安全放在首位，能针对强酸、强碱、易燃易爆、剧毒化学试剂的危害采取积极的防护措施及应急处理；他知道"科学的真理不应该在古代圣人的蒙着灰尘的书上去找，而应该在实验中和以实验为基础的理论中去找"。

国强以高度的责任感、严谨的工作作风和实事求是的科学态度，默默地坚守自己的岗位。他与同事一道，严格执行化验室规章制度、仪器操作规程和相关的质量标准，在日常的分析工作中实事求是、细心审核、勇于负责，通过一道道复杂的化学分析程序，测出各种精确数据，为产品质量严格把关，为树立企业良好形象及生存空间作贡献。

国强在锰矿、冶炼厂工作期间，结识了几位真挚的推心置腹的朋友,他们在工作时不苟言笑,下班后谈笑风生。

10年的工作性质和职业范围,练就了国强的科学态度——善于提出问题,并且积极地去寻求答案;积极主动地去考虑不同的、有冲突的实证;对观察到的事实进行权衡、评价;尊重生命和自然环境。

10年的艰辛历程和风雨洗礼,铸就了国强的科学精神——由科学性质所决定的精神状态和思维方式逐渐地渗入他的意识深层。

相信科学、有坚持力、不辞辛劳、勇于创新是他的精神境界,也是他做事的准则。这种境界和准则是科学和勇气的完美结晶,给他事业和人生增添了许多闪烁的亮点。

科学精神、科学态度,化验员的学问和智慧孕育了张国强自强不息的性格和求真务实的精神气质。他在金融部门工作的二十多年里,从行员、客户经理、办公室主任晋升为支行副行长、行长。一路上,他纵观上、中、下,横览高、平、宽,居高时想到下,立高时寻找宽,处变不忘做人底线,以纯洁的心灵描绘愿望,由科学性质所决定的精神状态和思维方式始终支撑着他敬业金融的运筹和谋划。

他以实事求是的科学态度制定支行的经营目标和工作计划;他不辞辛劳、勇于创新地管理支行的整体营运,发展业务,力求销售目标都落到实处;他积极主动地处理不同的、有冲突的实证,加强支行内部管理、制度建设和团队建设。

"空谈误事,实干兴业",求真务实的科学精神和高度负责的工作态度在国强行长的敬业路上得以充分体现:身到,与同事同甘共苦,同客户打成一片;眼到,既看到工作绩效,又正视管理不足;心到,千方百计出点子,绞尽脑汁谋方略;力到,身体力行做实事,全力以赴办难事。

世间一切伟大的创举总是靠辛勤默默地完成,世间一切闪光的智慧都源于深谋远虑。国强默默无闻地让智慧闪光,把自身的优势发挥到极致，被同业人士誉为"行家""高手"。

　　国强的科学精神、办事能力、工作业绩为他赢得了"高级管理人才"的称誉，上级领导高度重视，主管部门三次调他到"老大难"支行任行长。他每到一处，都是从实际出发，先用科学的方法观察、分析、权衡，找到症结和突破口；再实事求是，对症下药。他长期坚持自己特有的"四到"，所到支行都迅速改变了不良局面，整体运营形势日趋良好。

　　多一些兴趣和爱好，让生活充满阳光，让家庭提升和美的氛围也是国强的科学态度。

　　他和朋友一起打桥牌、"斗地主"，少不了"观察、分析、权衡"等思维方式，尽显化验员的学问和智慧。每一副牌打到"收局"时，其他三家手中有什么样的牌，他都了如指掌，推算得一清二楚。

　　他和爱妻一起在自家8平方米的小菜园里种菜，用化学知识改良土壤，巧施氮、磷、钾肥，培植的小白菜、瓢儿菜、莴笋、冬寒菜、芹菜等，叶子又嫩又绿又鲜，毫无一点污染；一株株西红柿枝繁叶茂，上面挂满了红绿相间的硕果，真是人见人爱。

　　他和爱妻一起钓鱼，什么样的水面有鱼，什么样的诱饵有效，他都会仔细观察，具体分析，每次垂钓都满载而归。他家的鱼池里，大大小小的花鲢、鲤鱼、鲫鱼、青鱼、红鱼成群结队，游来游去，上蹿下跳，美不胜收。隔三岔五，他们就会把钓到的鲫鱼送给老妈熬鱼汤喝，把钓得的小鱼用清油酥后送给老爸做下酒菜，把花鲢送给妹妹家做酸菜鱼，实属皆大欢喜。

　　家是温馨的港湾，容纳生命的灵魂；家是如伞的大树，遮挡酷夏的骄阳；家是清凉的雨丝，拂去疲惫的征尘。他和爱妻已接近花甲，夫妻二人就像老百姓的俗语所描述的"砣不离秤，秤不离砣"，时时

第三章 群星闪耀

处处形影不离。无论是步行还是驾车,两口儿都是相伴而行,觉得一个人单独行动,把自己的另一半落下总不放心,好像缺了一方就难以生活似的。

父母的心则是儿子儿媳的天堂。国强和爱妻一如既往,耐心细致地经营自己的家。他教育儿子:"等风来,不如追风去;靠山山会倒,靠人人会跑,唯有自己强大,才能从容应对风雨。"他指导儿子儿媳用科学的方法面对工作,用科学的态度持家过日子,言行举止的一笔一画都在涂抹丹青,都在描绘、渲染一家四口的美丽画卷。

(三)

汝森叔的第三个孙子张凤鸣和张国强是一娘所生的亲兄弟。儿时的他俩,虽然相差两岁,但个子一般高,一样的聪明伶俐、活泼可爱。兄弟俩从小就有共同的经历、共同的思绪、共同的梦想,就像手足,从来不分左右。福莘特意从衣着上装扮他们,帽子、衣服、鞋子都是颜色相同,样式一致。路人、陌生人见了,都认为他俩是双胞胎。

二十世纪六七十年代的小娃娃不像现在的孩子这样天天看电视、看动画片、玩手机,在物资缺乏的年代,连环画一度成为那个时期最丰富的精神世界。"小人书"是小朋友们最亲密的朋友,不少成年人也被它深深吸引。

国强和凤鸣上小学时,看小人书是他们的爱好和最佳娱乐。买小人书、存小人书,和同学交换小人书成了他们生活中的乐趣。日复一日,年复一年,到他们上小学五年级的时候,家里就存了近600本小人书。兄弟俩分别把小人书一一编号,整齐地码在两个纸箱子里。每天放学以后,一些同学总是喜欢到他们家看小人书,有的还要借回家去看。国强心里很不乐意外借,生怕他们把书弄丢或者弄破了。凤鸣看着小朋友恋恋不舍的样子,又不忍心,就拿出一个本子,叫同学写借条，把书名、编号、归还时间都写清楚，再签借书人的名字。那几年，他们家就像图书馆，兄弟俩也俨然成了图书管理员。什么《鸡毛信》《济公》《三打白骨精》《武松打虎》《大闹天宫》《岳母刺字》等，"图书馆"里都有。

看小人书的小孩子也是鬼精鬼精的，常常在同学面前抛出"诱饵"。有的说："我家有全套《水浒传》。"有的说："我有《薛刚反唐》。"目的是"放长线钓大鱼"，激发同学拿出好看的小人书和他交换。

有一次，国强和凤鸣联手，同样用"抛诱饵"的计策在同学中大肆宣扬："我爸爸给我们买了全套《西游记》。""《小兵张嘎》《王二小》最好看了！"第二天，那些小书迷们手捧家中的"经典"，纷纷登门，恳求兄弟俩和他们交换最抢手的连环画册。几个星期之后，国强和凤鸣就轻而易举地"钓到了几十条大鱼"——梦寐以求的最好看的小人书。其中有《渡江侦察记》《地道战》《双枪老太婆》《上甘岭》《敌后武工队》……

有的老师知道后，说这些娃儿太狡猾了，是忽悠人。有的却反驳："别看他们年纪小，在看小人书的活动中，反映的却是人生的智慧！"

通庚从教师的角度正视孩子们的一举一动。他认为，连环画是综合抽象思维和形象思维的产品。连环画是看图识字很好的升级版，娃娃们能在看图的过程中学会不少汉字。孩子们通过字与画的结合与统一，了解历史人物，知道一些典故，学到写作方法，而且记忆得很深刻，应该极力提倡与支持。

小人书的内容是中华上下五千年文化的积淀，连环画是寓教于乐的教育工具，对培养孩子的阅读兴趣，拓宽学生的知识领域具有重大意义。所以，著名媒体评论人、主持人梁宏达老师和不少教师、家长、学生对当前小人书的消失感到十分惋惜。

国强和凤鸣出生于同一个家庭，就读于同一所学校，同样受到小

第三章 群星闪耀

伙伴的青睐。他俩自尊心强、不示弱、不甘落后，在任何时候、任何地方都不想听到父母、老师、同学在评论他俩时说谁好谁差，谁行谁不行；都想站在高高的领奖台上荣获奖状和奖品，然后高高兴兴地拿回家报喜。

两兄弟在学习上，在文体活动中总是悄然无声地竞争，毫不松懈地自我鼓劲、加油、拼搏，扎扎实实学好每一门功课，竭尽全力发挥自己的特长。通庚和福莘经常听到两个孩子在书房里、寝室里相互攀比、点燃自信的火花——

"我理科学得比你好，数理化成绩都是全班第一！"国强沾沾自喜。

"我的文科成绩在全班冒尖，每篇作文都是'优'！"凤鸣毫不示弱。

"我是班上的物理科代表！"

"我是学校毛泽东思想宣传队的节目主持人！"

兄弟俩锐气不减，越说越提劲，巴不得把自己的强项全都道出来。

"你娃儿啷个嘛！我不虚你！打乒乓球，我赢你的次数要多些！"

"你娃儿别吹牛，咱们在篮球场上见！"

兄与弟口无遮拦，把同学中提劲儿的话也带回家中。

福莘听后对通庚说："你听，他们越争越凶，会不会打起来？"

通庚安慰妻子："不会的，他们互相竞争，互相鼓励，共同进步，正是我们需要的。没有竞争，人就会颓废，安于现状，一成不变；有竞争，才会有压力和动力，他们才会不断地挖掘自己的潜力，勇往直前。""竞争犹如花儿一样，一朵朵争奇斗艳，竞相开放，就会越开越精彩。"

福莘笑了，为两个儿子的相互竞争而自豪。

学校放暑假的第二天，何主任、李老师一同到福莘家道喜："张老师、李主任，你家晓慧、凤鸣、国强在期末考试中都获得了优异成绩，都荣获了奖品和奖状哟！"

福莘高兴地问:"国强和凤鸣到底谁好些?"

"齐头并进,不分伯仲!"李老师竖起大拇指。

"都很优秀,是学校和老师的骄傲,也是你们家庭的骄傲!"何主任指着墙上的三张奖状连连称赞。

兄弟阋于墙,外御其侮。虽然国强和凤鸣有时候也有分歧,在家里常常你不让我,我不让你,但他俩能一致抵御外来的干扰和欺侮。国强的体质比凤鸣差一点,每当他和同学发生口角时,凤鸣总会挺身而出,及时出现在哥哥面前,就像一堵坚实的垣墙替兄长遮风挡雨。

"难道我想读书也错了?"张凤鸣40年前说过的这句话,通庚和福莘一辈子都难以忘怀。

那是1980年暑假,凤鸣参加中考获得优异成绩。通庚和福莘没有完全征得儿子的同意就主观地填报了中专、重点高中两个志愿。9月初,被重点高中录取的学生纷纷上学报名。凤鸣天天缠着妈妈,要求送他到重点中学读书。通庚耐心地对他说:"重点中学的招生榜上没有你的名字,要等中专录取结束后才能补录。"凤鸣一听,火了,发气地说:"我跟你们说过,不读中专!"接着就是使闷气、不说话、不吃饭,睡在床上不起来。他外婆、妈妈再三劝他、安慰他也无济于事。隔了一天,凤鸣一大早就起床,以最快的速度收拾好学习用品、洗漱用品和衣物,装在一个旧箱子里。接着,连早饭都不吃,就提着箱子气冲冲地往车站跑。福莘见了,心疼儿子,哭笑不得,连忙拦住儿子。凤鸣理直气壮地说:"难道我想读书也错了?"福莘细声细气地说:"幺儿,没错,没错,吃了饭再走,等会儿我叫你爸爸送你。"王大孃眼圈都红了,含着泪,把一碗面条端到外孙面前。福莘把通庚支到一旁,提醒他:"你到学校跟领导说好话,儿子的分数远远超过录取线,请他们收下;在路上不要埋怨儿子,既然他有志气,有理想,我们就支持。"通庚会意,连连点头。

父子俩到了岩峰中学，凤鸣见到了他的同学，通庚见到了同事，相互问候、寒暄，好不亲热！可学校领导听说张凤鸣是去报名读书的时候就疑惑了："张老师，文教局关于重点中学的招生通知里没有你儿子的名字呀！"

通庚生怕冲撞了校长，低声下气地说："我儿子中考的分数的确超过了重点中学的录取线。他向往你们学校，坚决不读中专。我们把被子、装衣服的箱子和学习用品都背来了，一家人都恳请学校给个方便。"

凤鸣的几位同学听后，齐声说："校长，张凤鸣的成绩比我们还好，收下他吧！"

校长解释："要是学校收了榜上无名的学生，其他家长、学生也步其后尘，岂不乱套？即使要收，也要文教局发补录通知。"

通庚无奈，只得借学校的电话向县文教局请示。

文教局负责招生的刘股长在电话里听了通庚老师一五一十的汇报后，肯定地说："张老师，你儿子完全符合重点中学招生条件，不过，要等中专录取过后再发补录通知，你要耐心地等几天！"

通庚听说还要等几天，心里就不是滋味，想到儿子急于上学，就不得不谈一点贡献，说几句实话："刘股长，文教局抓重点小学，几次安排我给全县的教师代表上示范课，给全地区的文教局局长上观摩课，我都毫不推辞，圆满完成。现在儿子已经到了学校，学习用具、床上用品也背到了学校。请您理解，开个绿灯吧！"

刘股长感动了，立刻叫校长接电话。

过了一会儿，校长放下电话，对报名处的老师说："文教局明天就发补录通知，现在就让张凤鸣报名注册，把住宿安排好。"他回过头来，客客气气地对通庚说："张老师，让你久等了，请谅解。"

通庚心中的一块石头落了地，连忙给钱让儿子去报名、交费、买饭票。随后，父子俩把东西搬到指定的寝室。通庚亲自给儿子铺草垫、旧棉絮、床单，理好被子、枕头后才放心地走出寝室。分别时已是中午时分，通庚叫儿子拿饭票快点去食堂打饭吃，可凤鸣久久地站在校门口，眼圈红了、湿了，一直目送父亲到车站……高兴，激动，感恩，浓浓父子情，融汇成一串耀眼的明珠，一直沉淀在张氏家庭的历史长河中。

"难道我想读书也错了？"正是这句话，圆了凤鸣读重点高中的美梦，为他后来上西南财经大学和参加工作奠定了坚实的基础，创造了良好的条件。

国强和凤鸣参加工作后，知道既明智又有高度的思想境界是守住做人的底线。

凤鸣知道，人生在世，最基本的准则和品质莫过于坚守底线。底线就像一道坎，守住底线，不越雷池半步，就能确保自己的言行在道德和法律的范围内进行。反之，越出底线，为所欲为，就是思想的蜕变、道德的沦丧，甚至走向违法或犯罪的死胡同。

他牢牢把握底线关键——生命至上，健康第一。因为有自己存在，有强健的身体，才谈得上做人，才谈得上守住其他底线。无论是敬业、居家、做事、出差、驾车，他都把安全放在首位，不把生命当儿戏。

坚持底线原则——在国家荣辱和民族大义面前，不背信自己的国家和民族。严格要求自己不违法，不做有违公序良俗的事，做遵纪守法的好公民。国强说："违法成本大，有的甚至连家底和身家性命都赔进去了。所以，违法的底线不能触碰。"

信守底线根本——诚信、善良——是一个人的最大资产，是未来行走社会免检的通行证。诚善做得好，畅行天下；诚善做得不好，寸步难行。他们与人为善，诚信为怀，不损人、不踩人，不背后言人过，不伤害自己的朋友。做人，对得起天地良心；做事，对得起朋友家人。

第三章 群星闪耀 _ 165

凤鸣在北京工作了三十多年，在职场上，尽力做好自己的事情，认真扮演好自己在工作中的角色；不抱怨别人，不越俎代庖；一步一个脚印，踏踏实实地办事；不攀不比，不贪不占，不计较得失，不追逐名利；在是非曲直面前毫不含糊，始终坚守心灵底线；在工作的过程中，专心致志，珍惜时间，不拖沓、不磨蹭，讲求质量，注重效率，不留"尾巴"。

"半截尺，量准世间曲直；一杆秤，称出天地良心。""做人要有人性、个性、品性。放下欲念，守住底线，才能做好一个真正的人。"这些理念，已经在哥哥和弟弟的心田上生根发芽、开花结果。

凤鸣一生中的另一优势是爱学习，喜欢读书，长期坚持给自己"充电"。

他认定"天下第一好事还是读书"。不仅相信书中自有"黄金屋""颜如玉"，而且相信书中自有"为人道""幸福路"。

"读得书多胜大丘，不需耕种自然收。在家有酒在家醉，到处逢人到处留。日里不怕人来借，夜里不怕贼来偷。虫蝗水旱无伤损，快活风流到白头。"苏轼的《读书歌》成了他一辈子的信条。

凤鸣是名牌大学的本科毕业生，文化水平不算低，但他参加工作后仍然孜孜不倦地学习、学习，再学习。他心里明白，只有善于学习、善于思考，不断充实自我、完善自我、提升自我，才能出色地履行职责；只有不放弃学习、不断实践，才能在工作中不断进步；只有不断提高自身的思想、文化素质，才能更好地体现自己的人生价值。

晚上，他不知疲倦，自觉到培训班去"充电"，提高自己的英语水平。他清楚自己的弱项、劣势和短板，决心跟上时代前进的步伐，便主动争取到国外进修。历经两年，他获得了金融硕士学位。虽然每天工作学习都很忙，但他养成了良好的学习习惯，内心感到无比充实。拾起书本，闻着书本中的淡淡墨香，纵观大千世界，身心就沉醉于快乐和幸福之中。

凤鸣工作之余系统地阅读了《大学·中庸》《了凡四训》《曾国藩家书》《资治通鉴》等国学书籍。"博学之、审问之、慎思之、明辨之、笃行之"的学习过程和认识方法对他的工作、持家、交友都起到了积极的推进作用。

"学习是一辈子的课题。不管你处于哪个年龄阶段，都要一直保持热情的学习劲头。"凤鸣有自知之明，"信息爆炸的今天，需要掌握的信息越来越多，若不学习，便会很快与社会脱节。人生只有不断地学习新知识，充实自己的智慧，才能使自身立于不败之地。"

读书诱发了他的思绪，使想象超越时空；读书丰富了他的思想，如接触博大智慧的老人；读书拓展了他的精神世界，使人生更加美丽、充满光明。

他在工作中结交了一些品质优秀、素质颇高的朋友，有的是伯乐，有的是导师。他不耻下问，虚心向一切内行的人学习，听取他人的建议。他特别留意行业中核心层人物的特质，暗中效仿职场上的精英，进而慢慢地发挥自己的潜质，提升自己的能量，最后成了一位高级管理人才。

有所不为，有所必为。学以致用是凤鸣读书的明智之举。他把从书本上、实践中学到的新观念、新信息、新思维融会在一起，放进头脑里加工，写成的发言稿、讲话稿、工作总结言之有据、持之有故，既有深度，又有高度，同事和员工听后深受启发；写成的论文具有丰厚的时代气息、指导意义和应用价值，领导赏识、报刊发表，誉为"权威观点"。

（四）

阳春二月，漫步在上海市的梧桐树下观赏绿荫上的玉兰花，真是梦一般的情境。从市花、市树的缝隙中仰望天空，太阳光芒四射，云彩慢慢散开，天空不再是与梅花色相近的粉红，而是泛出铺天盖地的通红。这便是大地回暖时大上海天空该有的颜色，便是草木泛青，花朵次第开放的春天。

1973年2月，一个阳光明媚的春日，汝森叔的第四个孙子张昆来到了东方明珠——上海滩。

张昆在上海出生时，他的父亲张正禄还在巴中水电局工作，直到1978年正禄考入武汉测绘学院攻读硕士研究生后，张昆才和母亲一起到武汉安家。

从小学到初中、高中，张昆享受着父母无微不至的关爱，他的睿智、聪颖与得天独厚的生活环境和十分优越的学习条件浑然融合，学习成绩一路领先。1991年，刚满18岁的他就考入了武汉测绘科技大学城市规划专业。

"一心只读圣贤书"的张昆专注力特强。他在学习上总是孜孜不倦，把全身心都投入到"攻书""深造"中，不断提升自己的文化程度和专业水平。他1995年本科毕业后考上硕士研究生，1998年考上地理信息专业博士生，2002年获博士后学位。

张昆在同济大学博士后工作站工作了两年，其间两次去意大利做学术交流，出站后在华东师范大学地理学院工作，主要从事地理信息系统和计算机数据库技术方面的教学科研工作。

张昆，上海华东师范大学副教授，硕士生导师，2008年去澳大利亚悉尼新南威尔士大学做访问学者一年，指导硕士生十多人。

张昆的爱妻张松林，1990年考入武汉测绘科技大学测绘学院，先后获该院学士、硕士和博士学位并留校工作；2004年调到同济大学测绘学院，主要从事地理信息和测绘数据处理方面的教学科研工作；历任副教授、教授、博士生导师，曾获国家自然科学优秀青年基金；2010年去美国得州大学做访问学者一年，指导硕士生、博士生十多名。

汝森叔、刘妈妈家的第三代传人——孙子张昆、孙媳张松林学位高，学术造诣高，知名度高，实属张家的骄傲。

张松林教授是湖北人。张昆的先祖张贤公乃湖广麻城县孝感乡人，宋绍兴年间由宦入蜀，来到张昆的祖籍地立石山沟。由此可以推测，双双姓张的张昆夫妇，也许还是同一祖脉。同一祖脉的后代组合成一个新生家庭，都在大上海的大学堂教书是巧合吗？不，是天意，也是缘分。

夫妻俩有共同的信仰、共同的理念，具有可贵的敬业精神。

不该说的话不说，不该问的事不问。"少管闲事得安乐"是他俩共有的个性。

他俩摒弃烦琐与杂念，生活简单，心也简单，日子过得轻轻松松。

展望未来，天意和缘分恩赐给他俩的必定是前途更加光明，生活更加美好，家庭更加幸福。

秀慧姊妹

正元的女儿张双双在加拿大定居，通庚的女儿张晓慧安家于成都，两姊妹多次在上海、成都聚会。不管未来有多久，她俩珍惜相聚的每一刻，珍惜来之不易的"饭碗"，珍惜自己的家庭；不管还有多少个春夏秋冬，堂姐妹的情愫都是永恒的。

（一）

张双双，加拿大拉瓦尔大学数理统计博士、维多利亚大学计算机硕士。

20 世纪 90 年代，双双在两所大学获得学位后，被温哥华万网公司聘为科技部部长，专门从事高科技信息技术研发工作。2003 年 4 月至 12 月，她和同事受中国相关企业邀请，特地到成都摩托罗拉、诺基亚、爱立信等公司指导手机的研发与生产。到 2020，她在温哥华住了三十多年，早已习惯了那边的人和事。

她在异国他乡才华尽现，充分显示出自己的智慧，发挥了自身的专业水平，不愧张家的好闺女。

双双在学业和事业上有如此辉煌的成就，是因为她从小就受到父母亲的熏陶，是因为她志向高远——要向母亲那样，做有学问的女强人。

1957 年，双双出生在同济大学。她小时候，秀雅绝俗，自有一股轻灵之气；神态悠闲、气若幽兰，活泼可爱；一头乌黑的短发油光发亮，一双明亮的大眼睛总是忽闪忽闪的，樱桃般的小嘴讲起话来就像黄鹂鸣叫那么清脆，瓜子脸上小小的酒窝透出了她文静的秀气。

双双上小学时是班上的干部，处处以身作则，为同学们树立起爱学习、守纪律的榜样。

正元和清澄教授循循善诱，经常给双双讲做人的准则——依教奉行。"人最可贵的学习态度就是见之于行动。老师讲了、听懂了，就马上去做。这样的人，品行和学问一定会有成就。假如只说不做，就很难得利益，不管谁来教你，可能都不会成器。"父母再三开导、启发。

"依教奉行"——父母的教诲犹如一盏明灯，照亮了双双尊重学问，争当女强人的道路。

然而，不幸的事件冲击了她的美梦。

1966年，中国的大地上掀起一场运动，一次次停课闹革命荒废了学生的学业，教育教学质量严重下降。1973年的"高考"，是这场运动中唯一的一次。"白卷英雄"诞生后，一些人，一些地方状告、胡诌"高考制度使得许多青年为考大学而钻书堆，不问政治，走白专道路"，说什么"许多学校片面追求升学率，分数挂帅，将大量优秀工农兵、革命干部的子女拒之门外，'要求'立即废除高等学校入学考试制度"。双双和全国其他学子一样，没能逃脱这场厄难，上初高中时，学业受到极大影响。

幸运的是，她作为"身边子女"，没有上山下乡当知青，天天在父母身边，可以随时请教。在学校、在家里，她并不关心"运动"中的政治，而是阅读了很多关于学与问的书籍。

她崇拜北宋杰出的科学家、政治家沈括，因为沈括精通天文、数学、物理学、化学、地质学、气象学、地理学、农学和医学；处处精细观察，事事独立思考，敢于发表与众不同的见解；《梦溪笔谈》一书，从自然科学到社会科学，应有尽有。

波兰伟大的天文学家哥白尼小的时候遇事总要多问几个"为什么"？

爱因斯坦说"提出一个问题，往往比解决一个问题更重要"。

……

有学问名人的轶事不断地敦促双双实现"做有学问的女强人"的美梦。

她认定全国优秀教师、辽宁省特级教师、大连市十大杰出女性、中学校长蒋爱玲所著的《学与问》是好书，是挚友，是提高自己的不二法门。

《学与问》让她懂得，学问学问，既要学又要问。学与问是相辅相成的，只有在学中问，在问中学，才能求得真知。她知道，"问"常常是打开知识殿堂的金钥匙，是通向成功之门的铺路石。她，一学，二问，三思考，再总结提炼。她，处处留心，时时留意，知识和学问逐渐积累，不断增加。

1977年冬天，全国570万名考生走进被关闭10年之久的考场，双双也荣幸地考进上海海事大学。1982年，双双于该校毕业后留校任教7年，把她的学问献给了学校和学生，向他人展示了学问和自身的价值。

张双双在海事大学取得硕士学位后并不满足，于1989到加拿大留学，相继获得计算机硕士学位、数理统计博士学位。由于她有丰富的学问，渊博的知识，不仅在温哥华找到了向往已久的工作，而且幸运地和尚大跃组成了幸福的家庭，在这座美丽的城市享受学问带给他们的快乐。

尚大跃，化学工程博士，曾在加拿大海洋渔业部、卫生部、环境部工作。他和双双相识于缘，相交于情，相惜于品，相敬于德。他俩风雨同行，珍惜一起走过的岁月，珍惜无怨无悔的选择。

双双在加拿大留学和工作期间母亲因病去世，父亲虽有保姆照顾，可有时也感到寂寞。远居温哥华的女儿几乎每天中午都要用长途电话和父亲聊天，给父亲讲家事，汇报儿子、女儿的学习情况……父女谈到一些趣事、喜事时，双方在电话里都哈哈大笑，开心极了。

持家有方是张双双的又一优势。在家里，她在博士生丈夫尚大跃面前将自己的睿智、机敏与体贴表现得淋漓尽致。夫妻俩和谐相处，高度重视对儿子、女儿的教育和培养，鼓励他们上进，争做国际型专业人才。2020年，儿子尚奕夏从加拿大麦吉尔大学毕业后，继续攻读医学博士；女儿尚奕娜，从加拿大不列颠哥伦比亚大学毕业后又在攻读建筑工程科学硕士。

（二）

张晓慧出生在粮食、副食品都计划供应的1969年。当时，福莘家里经济拮据，粮油紧张、生活清贫，吃不上什么营养品，所以，年幼的晓慧体弱多病，面黄肌瘦，有时显得说话都没力气。

晓慧10岁那年，一家人迁到集镇居住，经济计划开支，口粮统一安排，买蔬菜比较方便，生活条件得以改善，她的身体素质才逐渐提高。

通庚在贵福小学教书、任副校长时，晓慧在他身边上小学、读初中；通庚到县城教学研究室工作，晓慧随父亲进城上高中；通庚想女儿接班当教师，就送她到重庆师范学院深造。

父亲珍惜女儿，是一种疼爱，是一种在乎，更是一种付出。

一路上，父亲的关爱、陪伴、付出，都是女儿难得的拥有。晓慧珍惜每一份拥有，珍惜父亲的阳光，在重庆师院读书的两年里，迎着阳光勇往直前，奠定做人底气，感悟人生价值，刻苦攻书。

1989年，晓慧于重庆师范学院毕业后，参加县上招干考试取得优异成绩,被分配到县人民银行实习,后又借调到成都市人民银行工作。难得的锻炼机会,优越的实践环境,良好的工作氛围,激活了她忠于职守的信念和熟悉业务的信心。

她,保持知足常乐的心态,百般珍惜来之不易的工作,总是恭恭敬敬地向老同志请教,虚心学习金融管理常识,加班、外勤、事务,都亲力亲为,主动投入。

她觉得在师院里学到的教育教学理论知识远远不能适应银行业务的需要,就报名参加西南财经大学自学考试。学习文科课程她比较轻松,科科都顺利结业,可学习理科的高等数学就相当吃力。幸运的是,她男朋友直接执教,具体辅导,半年内就学完高等数学。过了一年,西南财经大学的本科毕业证书由她珍藏。

工作、学习的经历再次让她懂得:人在拥有的时候不懂得珍惜,等失去后才后悔莫及,一切都晚了;不知道珍惜的人即使拥有了也是短暂的,很快就会失去。

的确,珍惜不是每天花言巧语挂在嘴边,而是每一次的真实行动;珍惜不是山盟海誓、海枯石烂的信誓旦旦,而是把说出口的每一个承诺都认真去兑现。

在当下,在后来,"懂得珍惜,紧握拥有"成了晓慧一生最佳的选择,这是她获得快乐的途径。她懂得珍惜,紧握拥有,为人处世颇有长进,业务能力不断提高。

1996年,晓慧和她的男朋友林三忠喜结良缘。

林三忠,四川省大竹县竹阳镇人,同济大学高才生,城乡规划设计研究院高级工程师;为人厚道、简单善良、随和大气、聪明睿智,十足的暖男。

缘分让他俩组成了一个新的小家庭,不离不弃,彼此相依,患难与共,付出不后悔,深情不辜负。

知缘惜缘得真缘,将心比心有知心。他俩心照不宣、心领神会,珍惜一生一世难得的缘分，珍惜一生一世难得的拥有。

1999年6月，一个可爱的小宝宝来到这个和谐、温馨的小家庭。林三忠和晓慧像珍惜自己的生命一样珍爱儿子，轮番赞美的话儿总是一串一串地往外冒——

"皮肤白皙，细皮嫩肉的，摸上去圆润光滑……天庭好饱满哟，就像老寿星的大脑门！"林三忠抱儿子、亲儿子的时候总是喜不自禁。

"你看他睡得好香哦，圆圆的脸蛋红得像苹果，两只小眼睛眯得很紧，像两条细细的线；小嘴巴一动一动的，好像在喊爸爸妈妈！"晓慧把三忠叫到小床边一同观赏宝贝的睡颜。

一连几天，他俩又是翻字典，又是查属相，不停地在电脑上查询，深思熟虑后，给儿子起名林恒逸。

林恒逸0至3岁，福莘变着花样给外孙做吃的——天天牛奶不断，单日子煲鸡汤，双日子熬鱼汤，几天吃一次炒猪肝，每周吃几个鸽子蛋，用新鲜水果榨果汁，用鸡汤鱼汤烩米饭……

通庚喜得外孙后，毅然决定直接任他的启蒙老师，每天尽心尽职地关心他、培养他，为女儿、女婿分忧。

人生没有彩排，每一天都是现场直播。林三忠和张晓慧目睹父亲、母亲的"现场直播"，想到父母的良苦用心，就感到条件优越、家庭幸福。他们知足感恩，珍惜前进路上的每一份情谊，珍惜生命中亲人的关心与帮助，珍惜生命中遇到的每一份甜蜜与感受。

岁月飞逝，一转眼，林三忠和晓慧已年过半百。他们说："老天给了每个人一条命、一颗心，把命照看好，把心安顿好，把儿子关照好，把家庭建设好，人生即是圆满。"

他们以积极的态度投入自身业务中，干好本职工作，勇于超越时空，不断完善自我。他们走好脚下的路，做好眼前的事，珍惜身边的人，坦然地过好生命的每一个瞬间。

　　他们尝试着给自己减压。工作之余，邀约几位同学、朋友，或是聊天品茶打麻将，或是旅游观光畅游山水，或是轮流"坐庄"给到家的客人"改善生活"。性情随和的他俩就像水一样，无论身处平原还是高山，都有他们的位置。

　　他们住所的窗外是一片茂盛的园圃。双休日，两位"业主"或是培植花草，或是种点小菜，像照顾孩子似的照顾它们。花园很艳丽，有各色各样的花朵，有各种各样的树木；花园很馥郁，伴随着鸟叫声和醉人的花香，生活富有乐趣；花园绚烂，充满生机，充满希望，充满温暖，充满人世间的美好。四季如春的园圃吸引着邻居和路人，吸引着到家的宾客。他们惊讶不已，心旷神怡，流连忘返，不舍离去。

　　一年四季，他俩尽情领略花草在烈日下的盎然生机，尽情感受果树在夕阳斜坠时的光彩，一次又一次地品味到一支支新绿满溢在晨曦里的清新；看着枝条发芽、枝头开花，就会感受到那些花儿、新叶内在生命的可爱可嘉。

　　活好现在，珍惜眼前，减压带给他们的放松犹如树荫下的微风，凉凉爽爽；减压带给他们的愉悦，恰似浓浓惬意在心里流淌。

后生可畏

儿女、孙子都是家庭的晚辈。一个家庭的晚辈多则香火不断,后继有人;晚辈都健康成长,德才兼备,事业有成,这个家庭就会兴旺发达。

汝森叔、刘妈妈子孙亨嘉,8个曾孙(重孙)个个成才,有的甚至超过了祖辈、父辈:

正元孙女	张奕凡	留学生	硕士　网络公司员工
正元外孙	尚奕夏	留学生	医学博士
正元外孙	尚奕娜	留学生	在读硕士
通庚孙子	张 彤	大学毕业	银行员工
通庚孙媳	赵 霓	大学毕业	小学教师
通庚孙子	张融冰	留学生	硕士
通庚外孙	林恒逸	四川大学华西医学院学生	
正禄孙女	张探秋	上海华东师范大学美术学院学生	

生逢其时是张奕凡最大的际遇。改革开放点燃了她不负时代、无愧历史的热情,常常用自己燃爆酷炫的方式表达内心的喜悦与期许,读高中时就立志要做有理想、有本领、有担当的新一代。

21世纪初,年仅22岁的奕凡向爷爷奶奶、爸爸妈妈坦言,要像姑姑一样,到全球优质学府接受教育,进一步深造,争取成为有全球视野的未来人才。

祖父正元、父亲子一都尊重奕凡的选择,满足她的愿望,极力支持她到加拿大留学,就读于滑铁卢大学。

滑铁卢大学是一所中等规模的世界顶尖研究型公立大学，以学习与实习并重的合作教育而闻名，一直稳居加拿大综合性大学排名第3位。滑铁卢大学拥有加拿大最大的工程学院，是北美地区最优大学之一，其数学、计算机科学和工程学科教学水平居世界前列。

张奕凡在这座有名的殿堂里开阔了国际化视野，思维灵感、思维模式得以提升，学到了国际化的知识和技术，毕业后获硕士学位。

她具有指导金融风控企业提升风控的能力；具备识别风险用户，风险设备，补充风控模型多维度数据的能力；能帮助客户轻松防御风险，有效降低损失；能从多个维度判断保险客户风险等级，评估被保险人出险率，改善传统保险缺乏数据支持的风控痛点。因此，滑铁卢大学又授予她"金融风险管理证书"。

作为海归的奕凡把国际化经验、国际化技术、国际化管理模式带回祖国，带到企业，对国内人才产生了潜移默化的影响，成了企业深层次变革的催化剂。

张奕凡，张氏大家族第四代的第一个硕士生，给弟妹们树立起了"潜心学术、放眼世界、做国际型人才"的榜样。

张彤，福莘的第一个孙子，爷爷、二爸、幺姑都特别器重。他也是外婆的第一个外孙，三个姨娘都格外喜欢，"彤儿""彤儿"地叫得很甜。两家人视他为掌上明珠，关爱有加，百般呵护。

1993年，通庚和福莘到北京去看凤鸣一家，特地把刚满3岁的小彤带上。二儿子和二儿媳见到张家第四代的宝贝分外高兴，陪同父母、侄儿游天安门、长城、颐和园，留下了一张张珍贵的照片。

张彤上小学时虽然受到过度"减轻小学生学业负担"的影响，但后来还是读了大专，参工后又自觉参加西南财经大学函授学习，认真听课，刻苦自学，用两年时间修完国际贸易专业的全部课程，获得了西南财经大学专科结业证书。

张彤小时候特别可爱

张彤天资聪慧,做人低调,深藏不露,任银行信贷部经理的几年里,能定期向领导反映每月应收账款的余额和结算情况,如实提供有关资料;在监督企业信贷债权的货币资金回收,减少资金占用,避免坏账损失,加速资金周转,正确核算各类账目以及落实清算工作等方面都谨慎细致,冷静应对和处理。

当今,信息流通快,学习渠道多,思维高度活跃。良好的社会环境和工作条件给张彤搭建了展现自我的机会和平台。

张彤心里最清楚:自己读书、参工、结婚、安家,外婆和婆婆爷爷、爸爸妈妈、二爸、幺姑都非常关心,给了他极大的支持和帮助。他深深地感受到父慈母爱的温暖,领略到长辈对他的厚望。他感恩父母,感恩亲人,留下了一段精辟的箴言:"人生是条路,漫长而曲折。一路上,往往会遇到生命中的贵人。真诚的关心和帮衬,在关键时刻拉你一把,可能会让你摆脱困境,渡过难关,走上生活的阳光大道,成就一番事业。这样的人是好人、善人,更是恩人。"

年轻的张彤代表着朝气。他不甘于平庸,一直坚持提高自身素质,发扬团队精神,注重学习和实践,在历史的平台上展现自我。他曾经对同事说:"一个人要想成就一番事业或者将某种技能训练到极高的境界,最重要的一条就是心无旁骛,专心致志。专心致志地干好分内工作,就注定能抵达炉火纯青的境界和高度。"

张融冰写给父亲的生日寄语：

  作为您的孩子，感恩您这么些年为我和这个家做出的牺牲和付出，谢谢您每次在我迷茫时无条件的支持，让我能在国外安心踏实地学习、生活；还要感谢您在这一年里为这个家族做出的巨大贡献，让我们大家的生活质量有了明显的提升。希望您工作不要太拼命，多注意自己的身体，让我这个人子能少一点牵挂。在以后的日子里，希望您能慢慢地卸下身上的担子，让自己有一个好的心态面对未来美好的生活。我也会向您学习，努力提高，希望有一天能达到你人生的高度。

融冰说给爷爷、奶奶的心里话：

  爷爷奶奶，这次由于父母临时决定回成都，让我有点措手不及。我刚入职，周末要加班，不便请假，这次赶不回去了，请你们谅解，下次一定专门回去看你们。我在北京提前祝爷爷生日快乐，身体健康，心想事成，天天开心。我在过去的一年里也非常的幸运，能到全球知名的普华永道会计公司工作，还可以去哥伦比亚大学继续我的研究生生活。请您二老放心，我已经不再是那个稚嫩的孩子了，经过这几年的磨炼，我不仅拥有很多的见识，也提高了自己的综合能力。我还要特别感谢我父母为我所做的一切，让我们整个家族有了更好的发展。希望爷爷奶奶一定保重身体，每天开开心心。你们开心健康就是对我们子孙后代最好的支持。

  两段言简意赅的文字，蕴含浓浓的家族意识、家庭观念；倾吐了儿子感恩、理解、体贴父母的肺腑之言；表达了融冰放眼世界、展望全球、憧憬未来的决心。可以说，这就是家风的传承。融冰，念家之人，对家抱有一种敬畏之心，从而使得自己树立坚定的信念，胸怀远大的抱负，在事业上拥有与时俱进的理念和超越自我的作为。如此大毅力者，执着于理想，发奋于当下，事业上必能绳锯木断，水滴石穿。坚实的步伐，闪光的足迹，将成就他远大的理想，成就他绚丽的人生。

林恒逸在学习和生活中最大的优点是全身心地投入，置身其中，认真地去做好每一件事情。

他上小学时，做作业特别投入，总是聚精会神、全神贯注，几乎每天的作业都能在晚饭前轻轻松松地完成。

外婆说："恒逸学习和做事都有恒心，学就学个踏实，玩就玩得痛快。吃了晚饭就到广场上和小伙伴溜旱冰、做游戏，天天晚上都能按时睡觉。"

写作文时，只见他一会儿聚精会神地思虑作文思路、构想写作的内容，一会儿又奋笔疾书，笔底下仿佛有源源不竭的泉水涌流出来。用不到40分钟，一篇文章就全写好了。

他做事不磨蹭，不白白浪费宝贵的时间，渐渐养成了一种良好习惯。他用事实证明，成功在于专注，在于全力以赴地投入热情和精力。

爸爸妈妈说他学习的自觉性、主动性很强，无须大人操心。姥爷夸他"看准一项重要的事就集中精力，埋头去干，全心全意地做好"。

恒逸的投入，宛如雨季的一把大伞，撑起了一片天空。

恒逸的专注，恰似寒夜的一盏华灯，燃烧着不灭的火焰。

从小学到高中，恒逸珍惜时间、珍惜精力，全身心地投入到各门功课的学习中，各个阶段的成绩都十分优异。2017年，"投入"与"专注"成就了他的梦想，他以超过650分的成绩考入四川大学华西医学院。

他从穿上白大褂，爱上口腔医学专业的那一天起，就把"救死扶伤、怜恤患者"视为职业操守，把病人的需求当作自己的追求。他全身心地投入到听课、看书、实习、课题研究、临床观察分析中，努力掌握基础医学和临床医学的基本理论知识和实践技能，专注于口腔医学各学科的基本理论知识和医疗技能。他牢记老师的教导："牙科医生不是看你的学历有多高，而是看你的手艺有多巧，精细操作的动手能力有多强。"

他最大的心愿是通过自己的努力让每个人都能够拥有健康的牙

齿，让更多的人带着笑容享受牙尖上的幸福。

张探秋是同姓夫妻张昆、张松林的独生女儿。

探秋天生就漂亮，白皙的皮肤，大大的眼睛，秀气的鼻子，饱满的小嘴，再加上瀑布般的长发，凑成了她那天真活泼的灵气与丽质。

她上初中时，喜欢穿粉红色的连衣裙，配上素雅的青布鞋，行走在林荫道上，显得格外轻盈，简直就像天边飘来的一朵红云。

美术老师不止一次地向小秋灌输："绘画，是一种艺术，是一种精美、高雅的艺术。绘画艺术可以让人感受无穷的乐趣，可以陶冶人的情操。"

张探秋在读高中的几年里，和美术、绘画结下了不解之缘，夜以继日地学习美术知识，孜孜不倦地练习素描、写生。绘画不仅给她带来了乐趣，也给她带来了好朋友似的安慰。她在开心的时候，用彩笔画下自己的喜悦；在不开心的时候，用颜料画下自己的烦恼；画得最多的是晨曦、红日、夕阳下的美景，因为她向往阳光，向往阳光下的生活。

春雨，染红了桃花，漂白了柳絮，描青了山峰，绘绿了秧畦……雨过天晴，春光竟然是那么饱满、那么烂漫。它似乎把整个冬天蕴藏的情绪都尽情地释放出来，献给喜欢它的生灵。

春光里，探秋以饱满的热情投入写生——

她坐在画架前，手握着一支铅笔，眼睛仔细地观察自己面前那盆娇嫩的花朵，手中的笔轻轻移动，勾勒出略显青涩的线条，再抬头看看花，又专注地描绘着笔下的植物，有些小叶子的角度重合，她皱皱眉，思考着如何下笔……最终，绘成了一幅淡雅的素描。

2019年，探秋成为上海华东师范大学美术学院的一名学生。

毋庸质疑，再过三五年，探秋将拿起手中的画笔，尽情描绘祖国的大好河山，描绘人类的美好家园。

正禄的孙女张探秋

　　她，墨笔丹青——如行云，流水绕素笺；展瀚海，崇山依旧颜。一幅美丽的画卷在她笔下诞生，怎一个好字了得。

第四章 积淀无价

沉淀和积累,是一个家庭走向兴旺的关键所在。珍贵的积淀,是用金钱也难以买到的。

家风家训

家风又叫门风,是一种精神尺度,指的是家庭或家族世代相传的风尚,是家庭成员精神面貌、价值认同和荣誉尊严的具体体现。

家风是给家中后人树立的价值准则,是子孙后代立身、齐家的动力。

家风家训是一种无言教育,是一种道德力量,是融在血液中的骄傲。每一个家庭的家风都积极向善,家庭成员的品德都纯洁、高尚,那么,整个社会就是和谐的。

通庚从70岁起就认真拜读《颜氏家训》和王明阳家训,反复领悟拟定家风的目的、意义,认真提炼表述家风家训的语言文字。

古今家训之祖的《颜氏家训》直接开启后世家训的先河。作者颜之推,南北朝至隋朝之官员,中国古代文学家、教育家,因一部《颜氏家训》而享千秋盛名。

这部典籍"述立身治家之法,辨正时俗之谬",在我国漫长的封建社会里,一直被作为家教范本广为流传,经久不衰。其中的名句有:

> 醒悟做事,反思做人。夜觉晓非,今悔昨失
> 父母威严而有慈,则子女畏慎而生孝矣
> 积财千万,无过读书
> 观天下书未遍,不得妄下雌黄

王明阳,又名王守仁,明朝思想家、军事家。他撰写的家训浓缩

了为人处世的大智慧，《示宪儿》三字诗短短96字，却是孩子一生做人的基础，被誉为"千年不灭一盏灯"。其中，"勤读书，要孝悌""学谦恭，循礼仪""毋说谎，毋贪利，毋任情，毋斗气""能容人，是大器""凡做人，在心地"都是为人处事的指南。

通庚在酝酿书写张氏家风的十多年里，首先对整个大家庭和各个小家庭在发展过程中逐步形成的家族精神、兴家理念、传统习惯以及家庭成员的生活作风、道德行为、处世为人等方面都进行了仔细回忆。一件件事例彰显人品，一则则故事感人至深，蕴含着很多相同的内涵、共有的属性。

（一）

"百善孝为先"已成为家人的行为准则。凤鸣常常和自己的哥哥、妹妹一起议论"孝道"并形成共识——感恩父母，是做人的起码良知，一个人最基本的情商就是有孝心，孝是最重要的道德底线。

凤鸣曾经给儿子和几个侄儿讲北京大学招生的有关规定——北大招生办在《2012年"中学校长实名推荐制"实施细则》中，首次提出了"不孝敬父母不得被推荐"。"细则"强调："如果一个被推荐者不孝敬父母，对父母和他人充满冷漠感，认为所有人都该为他服务，即使他智商很高，成绩优秀，北大都不会欢迎。"

李福莘小时候经常摸冷水，任基层干部时风里来，雨里去，长期在阴暗潮湿的屋子里居住。她到了更年期，免疫紊乱，得了类风湿，关节出现肿痛、不灵活、僵硬变形等。当地一些人说："类风湿不是癌症胜似癌症，很难治愈。"偏颇的言论导致福莘悲观失望，疼痛、困惑、烦恼、渺茫，无情地折磨这位还不满60岁的母亲。

凤鸣闻讯后，天天打电话请母亲到北京治疗。盛情难却，福莘只好向单位请假，乘火车到北京。

一天傍晚，太阳收起了它那刺眼的光芒，变成了一个金灿灿的大光盘。天空出现了千奇百怪的云朵，在夕阳的照耀下更给它增添了几分神秘的色彩。凤鸣家门前的小公园里，清风缕缕，花香阵阵，令人感到格外舒适。晚霞中，五颜六色的灯光辉映五颜六色的鲜花，给漫步在公园里的福莘至臻至美的享受。母子并肩前行，你一言，我一语，说不完的心里话。谈到类风湿那一刻，凤鸣怦然心动，尊重伟大生命的情怀油然而生："妈，我咨询了几位医生，看了一些资料，都说类风湿是可以治好的，我们明天就去看医生。"福莘满心欢喜："好！我听从儿子安排。"

第二天一大早，母子俩乘车到北京东城区专治类风湿的中医馆请名医看病。

悬壶济世的老中医望闻问切都特别仔细，一边开处方一边说："这些药都是家传秘方，只要坚持服用，几天后就会好转。"母子俩听后，连声致谢。回家的途中，儿子再三请母亲放下包袱，保持乐观。福莘由衷地感谢儿子，对治好顽症充满信心。

每天清晨，凤鸣上班前都要把母亲当天吃的几种药按早、中、晚分成三个小包，生怕服用有差错。晚饭后，他陪母亲散步、聊天，让其心情愉快，心胸开朗。连续五六天，凤鸣如此循环，行为令母亲感动，话语给母亲安慰。过了一个星期，福莘的病情明显好转，关节疼痛减轻，四肢比较灵活，内心没了恐惧和忧虑，笑容又重新回到她的脸上。因为，她心中屹立着一座高高的灯塔。

假期快满，福莘忙着回单位上班。临行前，凤鸣再次陪着母亲去看医生，开了两个月的药带回家服用。分别时，母子俩共同的心情是依依不舍，共同的心愿是早日恢复健康。福莘在想：照顾好独一无二的身体才对得起儿子的良苦用心。

随后，凤鸣、国强、晓慧听说物理疗法治疗类风湿效果明显，都主动购买精油膏、艾灸盒、电能灯、蜂皇疗、拐枣酒、治疗仪，给母亲配合药物治疗。福莘不辜负孩子们的厚望，天天坚持服药、理疗、按摩，以顽强的毅力与病魔抗争。几年过去后，类风湿得以控制，很少复发。

如今，年过80的福莘，照常能洗衣做饭，照常能下地劳动，照常行走自如，照常神清气爽，亲人和朋友都说她只像六七十岁的人。

普天下的父母最开心、最喜欢看到的就是儿女有工作、有志气、有出息，家庭和睦、稳定；最担心、最不愿意看到的是儿女家里不团结、扯皮、闹矛盾，连自己的骨肉都管教不好。

凤鸣三兄妹想父母之所想，一是"敬业为重"，兢兢业业地干好自己的工作；二是"亲和为贵"，守好自己的家，夫妻互敬互爱，和和气气过日子，耐心细致地调教子女，管好孩子的生活和学习；三是从衣食住行等方面安排好父母的日常生活，保证父母天天都有好心情；四是把父母、自己、家人的健康放在首位，尊重生命的存在，定期给父母检查身体，陪同父母旅游观光；五是兄妹之间团结互助，有商有量地解决共同关注的家庭问题。一句话，就是不给父母添乱，让他们放心、省心。

年年岁岁，国强、凤鸣、晓慧"孝道为先"的做人底线固守不变。通庚和福莘看到儿女三家和谐、安定，看到家孙、外孙相继成才，心里比什么都高兴。他们无忧无虑，无牵无挂，心情愉悦，一身轻松，白天有说有笑，晚上睡个好觉，堪称真正的幸福。

（二）

通庚老师以"读书为根"，指导外孙林恒逸读书整整经历了9个年头。9年里，他不打麻将，不远行，不误时间，天天坚持接送，实施一对一、面对面的学习辅导。一些有效方法可以说是家庭教育的积淀。

无论是酷暑还是严冬，无论是风里还是雨里，学校门前总有一位老人在耐心地等待他的外孙走出校门。当他看到外孙张开双臂向他扑来时，顺手递给他一块蛋卷或一瓶珍珠奶茶。一天下午，老人牵着外孙回家，路上突遇大雨。他脱下外衣，把外孙全身包得严严实实的，自己毫无怨言地背着他踩着泥泞，蹚着浑水往家里跑。回到家，老人全身湿漉漉的，可外孙身上滴水未沾。这位善良的老人便是林恒逸的姥爷张通庚。通庚对外孙的关照并不是溺爱、迁就，而是深情的心灵感化。目的是给他动力，让他听话，回家后抓紧时间完成作业，晚饭后有时间去自由活动，锻炼身体，然后回家洗漱，睡个好觉。

通庚老师多次向望子成龙的诸多家长说："小学教育是基础教育，是孩子读书的根基和起点。家长要像盖高楼、架大桥、修铁路一样，给孩子奠定坚实的基础。不能认为年龄小就处处迁就；不能降低标准，只满足于'一般般''基本上可以'；不能侥幸地期待'下一次''年龄大点就会好起来'。如果这样想、这样做，一转眼几年过去，基础知识、基本训练不达标，以后就难以弥补，就会带来后患。"

打从林恒逸迈进校门的那一天起，通庚就暗暗下定决心，一定要严格把好识字、书写、玩耍、作业、阅读、作文六道关口，给外孙奠定坚实的学习基础。

时过境迁，2021年，林恒逸已经是大学四年级的学生了。无论是当初还是现在，或许到了将来，小时候姥爷陪他上学回家，陪他一起识字、写字、做作业、阅读、写作文的情景以及一次又一次的"心灵感化"他都记得清清楚楚。

（三）

福莘的大儿媳刘晓燕是刘家的长女，清秀的脸庞，清澈的眼眸，由内而外散发出清新灵气。她还未结婚，父亲就乘鹤西去，母亲把家的兴盛寄托在晓燕身上。她，躬操井臼，节衣缩食，以勤俭节约的精神操持家务。在艰苦年代里,她坚信勤俭节约是一种远见,是一种态度,是一种智慧,是愉悦之本。她懂得,稍微一注意就能节约一度电、一块煤、一滴水;只需举手之劳就能节约一粒米、一点油、一团菜。

天下之事,大多成于勤俭而败于奢靡。20世纪70至80年代,尽管物质匮乏,但晓燕含辛茹苦,坚守勤俭,处处精打细算,自觉杜绝资源浪费,用勤劳的双手与超人的智慧让家庭走出了低谷,摆脱了贫困,她和三个妹妹都有了工作。

刘晓燕与福莘的大儿子张国强结婚后,辛辛苦苦地工作了三十多年。退休前夕,她把刘家母亲和张家奶奶、妈妈勤俭持家的美德融为一体并忠实地效仿。她和国强联手齐家,亲手改善居住条件,精心打造生存环境,潜心优化人文氛围,努力提升幸福指数,一心要给退休后的生活注入活力,增添乐趣。

她和国强在自家后院修了一块长方形的鱼池。外墙上留有两处自动放水的小孔,墙头上画的仙鹤、鸬鹚、水鸟栩栩如生。鱼池的两端各有两大钵兰草、金桂和栀子花,旁边是一块小小的菜园。靠正门的地方,一株金桔一年四季挂满了金灿灿的"元宝"。向着鱼池的一面墙上挂着一串串五颜六色的像小星星一样的彩灯。墙下的一端是阶梯式的花架,古香古色的钵钵盆盆排列有序,十分讲究,装上土,植上花,浇浇水,由它们自己去争芳斗艳;另一端是两株紫色的三角梅,任它们往墙上攀爬,自由开放。正门与水池之间的地面既平坦又开阔,日照充足,空气流通,中央搭一张长方形的楠木桌子,沏茶用的电动水壶和泡茶、洗茶、饮茶的茶具置于一端,旁边配有一把大伞,撑起一片阴凉。

颇有诗情画意的杰作,是晓燕勤劳的结晶,饱含她的心思和汗水。

她家的前院是由万年青和小桂花树围成的花园。园子里,一年四季郁郁葱葱,花色品种颇为齐全。七八种玫瑰相互媲美,花香袭人;郁金香颜色各异,千姿百态;开得最热烈的莫过于石榴花,远远望去，犹如红云一片。

清早，晶莹的露珠挂满枝头，满园生机盎然。太阳刚露笑脸的时候，花园里绽放着如云霞般绚烂的色彩。淡淡的、轻轻的薄雾伴着晨风，带着花香迎面扑来，着实令人沉醉。蜜蜂也嗡嗡地飞过来凑热闹，一会儿亲亲花瓣，一会儿吻吻花蕊，不厌其烦地忙碌着。路边的赏花人驻足观赏，醉眼迷离，流连忘返。

黄昏，淡红色的霞光泻在住所的每个角落。鱼儿活蹦乱跳，墙上流水潺潺。桂花、栀子花、兰草、茶花、月季散发出的清香随着晚风在院子里萦绕，让人心旷神怡。朦胧中，周围如烟似雾，树影婆娑，花枝摇曳，若隐若现，给人亦真亦幻的感觉。过一会儿，柔和的灯光把房前屋后照得如同白昼，既为大家带来方便，也给大家美的享受。一家人围着楠木方桌一边聊天，一边品茶；一边闻香花，一边观游鱼；一边听潺潺流水，一边谈花草、蔬菜的长势；人人乐在其中。

哪儿有勤奋，哪儿就有成功。如诗如画的庭园风光并非天然形成，而是刘晓燕用勤劳的双手种植、摆设、装点的成果，布局与搭配的绝妙组合既符合自然规律又可人心意。

勤劳是幸福的源泉。刘晓燕脑勤、眼勤、手勤、腿勤，使居家环境更加舒适，幸福指数日益提升，快乐和健康就和他们相伴同行。

（四）

亲人和朋友认为，张凤鸣先生之所以在事业上获得成功，是因为他背后有一位持家勤快的好女人。

的确，凤鸣的爱妻张懿是名副其实的贤内助。

张懿很会过日子。对外，她能融入社会，经济独立，热爱自己的工作，智慧而且深谋远虑；对内，她主动分担家务，觉得是责任，该付出；对担当重任、勤奋工作的丈夫尊重、支持，能换位思考，做他的坚强后盾。

她从自己做起，从点滴小事做起，有条有理地安排家里的事情——给丈夫收拾行装，给儿子添置衣服，哪些家具需要更换，哪些电器需要维修，哪些餐具应该清洗、消毒，哪些东西需要晾晒，她都心中有数，亲力亲为。年年岁岁，家里有她勤劳的沉淀、勤勉的付出，有她的勤心苦胝。

勤奋是一条神奇的线，用它可以串起无数知识的珍珠。张懿和张凤鸣每当想到父母靠勤劳起家发家，凭节俭哺育儿女的时候，就一致认为勤俭是一个家庭的传家宝。一家人，特别是儿孙后代都应懂得勤能补拙，勤能生财，俭以养廉，业精于勤，一勤天下无难事的深刻含义并付之于行动。

梦想一旦被付诸行动，就会变得神圣。他们的儿子张融冰在美国本硕连读获硕士学位后还要攻读博士研究生。他要继续发扬勤奋好学的精神，认真研读东方文化和西方文化，优势互补，描绘自己的人生轨迹，以"勤"字当头，适应世界新时代、新征程的需要。

张懿喜欢优美高雅的宜居环境，用温馨的氛围抚慰家人的心灵。她讲究每件东西存放到位，每间屋子永远都是整洁、雅致的，看不到丝毫的杂乱。客厅的墙上，横挂一幅妙趣横生的油画，家人和来客品味油画的诗意，脸上都会露出阳光般的笑靥。走进她的卧室，你会发现一张双人席梦思床摆在屋子中间，上边盖着洁白的、绣着小花的床罩，衣架、衣柜、穿衣镜的位置恰到好处，洁净、舒适、优雅是突出的亮点。

优雅是一种和谐，是艺术的产物，从文化的陶冶中产生，在文化的陶冶中发展。张懿家里的优雅绝非上天的恩赐，而是她眼勤手勤的造诣。

喜欢优雅的张懿内心是充实的。她遵从内心的感觉和热情，用优雅的心境打造家园，美丽而意深；用优雅的心境布置房间，明净而别致；用优雅的心境欣赏自己的作品，自信而惬意。因此，优雅是对张懿个人魅力最深度的诠释，一个"勤"字，凸显了她的人格力量和人生价值。

张懿有一双勤劳的巧手，赋予家人的是美的享受。

张懿用一双勤劳的双手持家，给丈夫一份好心情，一个好归宿；让丈夫心无旁骛，心无牵挂，以良好的心态投身事业，工作可谓一帆风顺。

朋友们都说，凤鸣的"军功章"有自己的一半，更有张懿的一半。

（五）

亲和力是乐意接触、使人亲近、对人友好的强大力量，主要表现在尊重别人、乐于助人、心存感激。

李福莘与人交往的过程中最善于沟通。叫出租车、打滴滴时，一上车就说一些好听的话："师傅挣钱也辛苦哦！""晚上还是少开车为好。""钱是挣不完的，要注意身体，适当休息。"……一整套尊重的、关切的、亲近的话，师傅听后心里甜滋滋的，开车很平稳，转弯减速，停车很缓慢。

她出入小区时总爱亲切地向门卫打招呼："辛苦了！""该下班了嘛！""天气变冷了，穿暖和点哟！"一声声问候，一次次关切，深深地感动着门卫。有时候，门卫见她外出归来就连忙用门卡帮她开门。有时候，门卫见她提的东西多，就主动帮她提回家。

福莘到商店购物，一进门就和老板套近乎："货物好齐全啰！""生意好嘛！""你的服务态度真好！"老板很开心，让她挑，由她选，给她优惠。

女人之美在于善良。她，说话让人喜欢，做事让人感动，做人让人想念。

她是一名成功的交流者，拥有感人的亲和力：文明的语言犹如一盏明灯，照亮别人，也照亮自己；语言的魅力得到了很多方便和好处，赢得了实惠和回报。

福莘娘家的三侄女嫁到湖北后觉得离家远，难见到亲人，常常向姑姑诉苦。福莘同情她，关心她，支持她迁回老家。三侄女如愿以偿，带着两个儿子回到渠县。通庚和福莘帮三侄女找工作，督促她儿子读书，给他们心灵安慰。几年后，亲和力发挥了巨大作用——三侄女在南充买了住房，大儿子在一家医院当司机，二儿子大学毕业后在银行上班，一家人过上了好日子。三侄女心存感激，对福莘孝敬有加。

福莘和四姑娘之间的亲情十分明显。她俩亲密无间，相互体贴，无话不说。21世纪的前20年里，四姑娘经常帮姑妈洗衣、煮饭、做卫生，定期给姑妈洗面、按摩、做理疗。福莘帮她撑起了一个家，帮她教育孩子，开导她孝敬公婆。她家公公生病后，当儿媳的四姑娘亲自煎药、亲自做饭、亲自给他理发、洗头，照顾服侍得非常周到。老太爷当着福莘面夸儿媳"有孝心，不是一般的好，是相当好！是当姑妈的调教得好"。

李福莘对张家李家的一百多位亲人都尊重、亲近、友好。她善于交流沟通，乐于排忧解难，做了很多好事。她的亲和力给人希望，给人力量，给人自信，给人快乐。亲人们都夸她心地善良，有的称她是"活菩萨"，有的说她是"大善人"，有的夸她是"及时雨"。儿子说她成全了几对夫妻，女婿夸她化解了几家矛盾。教书的孙媳妇给婆婆敬酒时诙谐地说："婆婆，你的亲和力给晚辈带来福气，干脆叫'福星'好了！"大儿媳肯定地说："李老太婆的亲和力最强，对我们这个大家庭付出最多、贡献最大，的确是福星高照！"

人在做，天在看，举头三尺有神明。善良是人世间最纯净的爱。行善立德之人必有后福，必有好报。

通庚的女儿、女婿珍惜父母的慈爱，珍惜兄弟姐妹的情谊，珍惜侄男侄女的敬意，常常把大家请到家里团聚，定期组织大家旅游观光，逢年过节邀约身边的亲人会餐。每一次活动的安全保障，往返行程、定点食宿、备办饭菜等，他们都亲力亲为，考虑得十分周到。每一次联谊联欢，亲人们都兴高采烈、谈笑风生、其乐融融，无不彰显亲人的无限风光，无不凸显亲情的亮丽风采。每一次聚会，亲人间都相互尊重，心存感激，充分体现了一大家子人的亲和力和凝聚力。

（六）

大家庭的成员自觉守住做人底线——诚实、善良。诚善待人，诚善结友的人格力量不断凸显在几代人的处世为人中。

渠县有一位姓蔡的女教师，默默无闻地站讲台，很少有人知道她的功底。通庚当教研员时听过她一堂语文课，发现蔡老师教学认真，责任心强，教学艺术非同一般，尊重、关爱学生的事例十分感人，而且能讲一口流利的普通话。通庚推荐蔡老师参加赛课活动，蔡老师获"县级优质课教师"称号；推荐她到地区献课，蔡老师让小学语文界人士刮目相看；带领她到区乡学校上示范课，农村教师对她高度赞扬；指导她从事专题研究，合著的书由少儿出版社出版，研究成果获四川省"教学成果三等奖"。蔡老师在此基础上发展、进取，先后被评为"四川省小学语文特级教师""全国师德标兵""全国劳动模范"。最荣幸的是，蔡老师进入四川省党代表的行列，参加了中国共产党第十六次全国代表大会。多年来，蔡老师把通庚视为"恩师"，分外尊重，而通庚只觉得是付出和给予，给予蔡老师的是诚心和善意。诚心和善意让蔡老师得到了锻炼的机会，得到了发光发热、展示自我的时间和空间。

张国强的儿子张彤小时候曾走丢一次，全家急得四处寻找。住在隔壁的韩先生知道后，连忙放下家中事，赓即帮着向街坊邻居打听。原来，张彤到附近一位小朋友家里玩得痛快，天黑了却忘了回家。素不相识的韩先生把张彤领到国强面前时，国强妻子刘晓燕破涕为笑，连忙拿出下酒菜招待热心人。国强深受感动，高高兴兴地和韩先生一起叙友情、谈缘分。从此，他俩成了至交，成了友谊最深厚的好朋友。他们互相帮助，情意相投，双方讲诚信、讲忠义，经常为对方着想。

2015年，通庚和福莘跟着儿子和女儿到贵州旅游。一行人住进贵阳的一家旅馆后，国强就接到一个电话，对方说他姓徐，晚上要请通庚一家人吃饭。席间，徐先生说他和张凤鸣在西南财经大学读书时就是好朋友，双方守信用，重义气，志同道合，毕业后虽然各住一方，但一直珍惜同窗的浓浓深情。

通庚和福莘曾两次到海南过冬。第一次，受到了儿子同事钟先生的热情接待。他们一起吃海鲜时，钟先生说他和凤鸣同在一个单位工作了十多年，相互帮助，相互关照，情同手足，亲如兄弟。第二次是一位姓盛的老总带上海南的椰子、大米、海鲜亲临住地看望"叔叔""阿姨"。

通庚和福莘到重庆、广州、深圳、香港、成都旅游或探亲时，几乎每次都有儿女的朋友、同学、同事接待和陪同。他们驾车接送，态度热情，语言和善，关怀备至，着实令人感动。

为什么家里人能结识这么多重感情的好朋友呢？通庚和福莘很想从儿女的心中找到答案。

"诚信是人必备的优良品格。我们以诚心和善意对待同学、同事和朋友，他们就会诚心诚意地回敬我们。"国强说，"赠人玫瑰，手有余香。方便了别人的同时也会给自己带来方便。"

晓慧直截了当地对母亲说:"茫茫人海中,朋友能够走到一起,靠的是诚信。对人以诚信,人不欺我;对事以诚信,事无不成。讲诚信的人,处处受欢迎;不讲诚信的人,人们会忽视他的存在。"

一向低调的凤鸣道出了自己的心里话:"什么是朋友?朋友是一首歌,总是在我忧伤的时候响起悠扬的音乐;朋友是一盏灯,总是在我迷茫的时候照亮我前行;朋友是一本书,总是在我困惑的时候让我找到答案。我之所以能结识一些推心置腹的好朋友,是因为我心怀善意,善待他人,率先给朋友'一首歌''一盏灯''一本书',才取得了朋友的信任。"

的确,诚信是人生的命脉,是一切价值的根基。做人讲诚信,成就别人的同时也将成就自己。

孩子们做人的哲理,让通庚明白了一个简明而深刻的道理:"做人首先要善,然后才会有诚和信,善是诚信的核心。与人为善,上善若水,方显人格力量。"

……

一件件事例,一则则故事,集中反映了张氏大家庭中家庭成员在读书、勤俭、孝道、健康、诚善、敬业、亲和、忍让等方面的良好风尚。

通庚的二儿子凤鸣把家风提炼成20个字:老实、规矩、正直、诚信、务实、勤奋、友善、孝敬、感恩、节俭。

通庚老师尊重儿子的意见,经过回忆和梳理,对张氏家风的内容及表述渐渐清晰。他征求兄弟姐妹,儿女子孙的意见后又反复推敲、提炼。到2016年,汝森叔、刘妈妈开启的,他们的儿子、儿媳、孙子、孙媳在践行中不断完善的"张氏32字家风""16字家训""35字家教"正式成律成章:

· 张氏家风

读书为根　　　勤俭为本　　　孝道为先　　　健康为首

诚善为上　　　　敬业为重　　　　亲和为贵　　　　忍让为怀

"读书·勤俭·孝道·健康·诚善·敬业·亲和·忍让"是做人的底线，能彰显人格力量，是每个人的生存之计。家庭成员付诸行动，自觉遵守，就能创造家庭幸福，迈入人生理想境界，享受美好生活。

"根·本·先·首·上·重·贵·怀"，突出并强调了"做人底线""生存之计"的关键和地位，旨在端正态度，铭记在心，不可忽视。

32字家风中，8个"为"字十分重要，它有"是""之""充当""当作"的意思，尤其能加强语气，强调"根、本、先……"在心目中的地位和重要性。

32字家风不仅是道德教化的口号，更是家庭成员自我约束和接受他人监督的标准，是四代人长期践行，长期传承的结晶。

· 张氏家训

珍惜拥有　　　　不可奢贪　　　　勿愧对长辈与大众

珍惜已经拥有的精神生活、物质生活，切勿奢侈浪费、追名逐利。全心全意为给我们提供衣食住行的劳苦大众服务，不能做对不起长辈和大众的蠢事、坏事。

· 张氏家教

敬献赤诚的孝心　　　热爱高尚的事业　　　创建温馨的家庭
教养聪慧的儿女　　　结交真挚的亲朋

家长教育孩子"孝心、事业、家庭、儿女、亲朋"是立身齐家之本，是做人的底线，拥有这五个方面，便进入成功者行列。家长应让孩子懂得"敬献、热爱、创建、教养、结交"是积极主动行为，要落地生根；"赤诚、高尚、温馨、聪慧、真挚"是目标、是关键，要潜心打造。

利剑常砥砺，家风自古清；吾人应自厉，后世永传名。张氏家庭的家风家训和积极向上的家庭文化，将不断发扬光大，代代相传。

处家良策

人这一辈子，少不了与左邻右舍、三亲六戚串门打交道，接触的家庭何止百家？不同的家庭有不同的处家方式，不同的家人有不同的处家态度，听多了、见多了，处家智慧的积淀也就越来越多，体会则伴你同行。

通庚老师说："人的一生，两点一线也好，四海为家也好，有2/3的时间都生活在家里。怎么处家呢？不妨研究一些策略，摸索一些门道。"

写好互字文

一家人长期相处，长辈和晚辈之间互敬互爱、互相尊重；丈夫和妻子之间互相体贴、互相谅解；兄弟姐妹之间互相帮助、互谦互让；全家老小互相关心、有事互相商量；这个家一定是团结的、和睦的，定会走向兴旺。如果一家人做事互相推诿，相互攻讦，言行互不相容，那么，家庭势必走向衰败。

处家应在"互"字上下功夫，可在"互"字上做文章。

也在锅边转

封建社会里，一个男人得了儿子后就沾沾自喜，逢人便说："我家添了一个'田边转'！"大部分男人，甚至女人自己都认为女人是生育工具，一辈子只能围着锅边转，围着丈夫转，围着孩子转。

当今，"三转"的封建残余还留存于某些男人的头脑内。他们一年四季把洗衣做饭、做卫生等一大堆家务全交给妻子，自己过着"饭来张口、衣来伸手"的清闲日子。久而久之，妻子不是认命，而是不满、反抗，最终家庭破裂，双方分道扬镳。

"男儿汉大丈夫，写论文、搞科研都难不倒，还学不会做饭洗衣吗？"愿意当"锅边转"的先生们如是说，"一屋不扫何以扫天下！锅边转也能彰显一个人做事的逻辑性和条理性。"

他们认为男士锅边转是夫妻恩爱、家庭和睦的润滑剂；是自信、开心、快乐的催化剂；是家庭免费的厨师，能赢得家人心欢。

的确，民以食为天，人生一世，无论老幼，不分贫富，岁岁年年，一日少不了三餐；不管你是男是女，不管你官位多大，文凭多高，收入多丰，要是不会做饭，或许会感到遗憾，或许会觉得若有所失、美中不足。

所以，在锅边转的男士越来越多，男人锅边转的常态化天天在厨房展现。

家庭基金好

家庭成员按能力大小，把自己的资金规划一下，将一部分钱存入有专人负责的"家庭基金"里，"家庭基金会"就算正式建立。

基金会安排有经济头脑的人运作投资、炒股、理财，让钱"生"钱，再逐年滚动，基金就会越滚越雄厚。当然，运作必须慎之又慎，不可妄举。

平时，基金会成员共同商量，可把基金用于家人旅游、老人体检、奖励升学或应急偶发事件等，以增强家人的亲情感和凝聚力。如此代代延续，整个基金供家族的后辈集体享有，任何个人不得占用。

人世间，像"新冠肺炎"这样的突发事件，诸如经济危机、物质匮乏、疾病流行、不良事故等威胁生命的风险会不期而至。未雨绸缪，有了家庭基金，就可以应急，减少精神和经济上的压力。

生命至上，家庭基金犹如家庭命运共同体。

别和他（她）组家

家庭里最可恶、最危险的人是极度不讲理的人。

极度不讲理的人总是唯我独尊，唯我是从，无自知之明。他（她）固执、横蛮，自以为是，不可理喻；动不动就大发雷霆，打人骂人，乱砸东西，一发不知收敛；"油盐"不进，不听劝告，没有商量的余地，坏脾气难以改变。和这样的男人或女人处家，只能是矛盾重重、争争吵吵，无法说到一起，也无法做到一起，凑合不了多久就会"拜拜"。

离异后，有理的一方后悔莫及："早晓得，不如找个懂道理，讲道理的人组家！"

人无完人。丈夫也好，妻子也好，难免有这样那样的毛病。但只要是讲道理，听得进善言，能理解善意的人，遇到冲突和纠结时能心平气和地坐下来交流、沟通，在一次次磨合中达成共识的人，就值得信赖。懂道理的人能弥补自身的短板，能审视自己的弱点和不足，能摒弃自己的坏习惯，能虚心接受对方正确的劝告、提醒和建议并努力改进，不断提高。和这样的人处家，两口子一定是亲亲热热，和和美美。

帅哥美女们，极度不讲理的人即使再漂亮、再有钱、有背景，你也千万别和他（她）结婚过日子。

要学会说话

家庭成员既要有一张笑脸，也要有一张甜嘴。

古人曰："口者，心之门户也。"生活中，无数事实告诉人们：学会说话、适时说话，不仅沟通无碍，赢得人缘，而且能使他人感到快乐。

一天下午，奶奶去幼儿园接3岁的孙子欢欢时，老师建议奶奶不要娇惯孩子。回家路上,欢欢问奶奶:"老师说的什么?""说你乖,各方面都好!"奶奶笑眯眯地回答。孙子听了特别高兴,一进屋就跟妈妈讲:"老师当着奶奶面表扬我了!"接着,他主动去卫生间洗手,自觉喝开水,吃晚饭时再不要大人喂,自己吃了一碗饭。妈妈见了,当着全家人说:"我们的欢欢乖,什么都好!"

良言一句三冬暖。好听的话带给欢欢温暖,给了他动力。

然而,同样是奶奶、妈妈,说话的情绪却不一样。

"这么简单的事都做不好,把你养起干啥嘛,简直比猪还笨!"

"你看对面那家的孩子多懂事,你赶上人家一半我就烧高香了!"

"你取得这么一点成绩,我值得开心吗?"

"他一天只晓得打麻将、喝酒,啥事都不管!"

如此不顾后果,轻易取笑、挖苦、打击孩子和家人的"语言虐待"随时都能听到。

恶语伤人十年寒。"语言虐待"所造成的伤害不止当下,它贯穿岁月,像针一样深扎在对方心中。不会说话的背后,是受害人偷偷流眼泪,心寒,自卑,内心的伤痛无以言表。

"语言虐待"不见伤痕,不留证据,比身体虐待更让人麻木、恐惧。

一家人相处,多说尊重信任、包容理解、宽心安慰的好话,多传一些暖心窝子的佳音,何愁家庭不"和"?

向筷子学习

人称"金发淑女"的张女士与暖男何先生结婚后就像一双筷子——互不说长道短,总是不离不弃;配合默契,一起经受酸甜苦辣。

张女士爱何先生,对公公婆婆由衷尊重,和兄弟姐妹和睦相处。

何先生爱张女士,对岳父岳母孝敬有加,和兄弟姐妹情同手足。

这就是"爱屋及乌"——互敬互爱的诀窍。

张女士用美貌、温存和感情投入感化了何先生。何先生一年365天变着花样给淑女做早餐。妻子去学二胡，丈夫给他背琴，提水杯，陪琴师喝酒；妻子去春游，丈夫陪她野炊，做好吃的。何先生的妈妈瘫痪了，张女士主动去给婆婆洗澡、擦身子、按摩、扎针。夫妻举案齐眉，琴瑟之好，日子过得甜甜蜜蜜。

你能敬我一尺，我就会还你一丈。

爱人者，人恒爱之；敬人者，人恒敬之。

老吾老，以及人之老；幼吾幼，以及人之幼。

这些名言警句，何先生和张女士能读能背、能释能译。他俩做得更好的是践行，付诸行动，落地生根。

他俩是平凡中的真爱，有中国式家庭少有的温馨与和谐。他俩相敬如宾，情投意合，与其说是初恋时的小心翼翼，不如说是成熟后的相濡以沫。

2019年，这个温馨的家被评为全国"模范家庭"。他们的独生女儿也成为中国人民大学博士研究生。

婆媳新观念

有史以来，婆婆和儿媳常常在家庭事务管理权、支配权等方面产生分歧，酿成矛盾，甚至明争暗斗，争吵不休，经常"开战"。久而久之，矛盾越来越多，成见越来越深，婆媳关系降到冰点，情感上的裂缝无法修复。儿子"两面受敌"，成了风箱里的老鼠——两头受气。"老大难"问题长期得不到解决就上法院申述离婚，酿成家庭悲剧。

在"生命至上""健康第一"的新时期，婆婆和儿媳的处家观念都在不断更新。她们追求心态良好，自在快乐，而不是把精力和时间耗在无理取闹的琐事上去争个你输我赢，而是把生命看得特别重要。

而今，父母和儿女不强求长年生活在一起，在各自的家里按自己的习惯和方式生活已成时尚。

"女人何苦为难女人？"婆婆和儿媳都这么想，"逞强好胜，较真儿，钻牛角尖儿，人累心也累，何苦呢？"她们对自己说，"怄气伤神，生气伤肝，着急上火；自己折磨自己，自己跟自己过不去，岂不是傻瓜！"她们把自身健康看得比什么都重要，再不做有损自我、不利健康的蠢事。

儿媳满足婆婆的虚荣心，像哄小孩一样哄婆婆。说恭维话，做开心事，送好吃的，买新衣服，听到周围人说"你家儿子、媳妇真孝顺"时，婆婆心里就跟吃了蜜似的甜。

婆婆投儿媳所好，给她送去喜欢吃的下饭菜和小吃，给她买条围巾、披肩什么的，逢年过节到儿子家"协厨"，给孙子封个红包。儿媳觉得婆婆不吝惜，有爱心，心情就舒坦。

他们化干戈为玉帛，人不累，心也不累。开开心心过日子成了婆媳处家的首选。

婆婆因爱儿子而爱媳妇，媳妇因爱丈夫而爱婆婆。各得其所，关系就融洽，生活就轻松，健康长寿就属于她们。

善待之光

宽容、理解、善待的品质是建立良好人际关系的基石。善待生命，善待生活，善待他人，善待自己的传统文化积淀，在现代社会中起着维护人与人之间的关系，促进社会和谐的重要作用。

"与他人相处，必须善待他人，包括理解、尊重、宽容、关心、帮助。"——这是李福莘人格力量的积淀。数十年来，家人、亲人和身边的人都沐浴着她的善待之光。

她孝敬母亲，结婚后，让慈母和她同住36年，健康地活到92岁。

她理解丈夫，全身心地支持爱人教书育人，帮助他成就了一番事业，成了很有名气的特级教师。

她善待自己的儿子、儿媳、女儿、女婿和孙子辈，教育他们认真读书，诚实为人，勤奋工作，和谐处家，膝下孩子的小家庭都和和美美，平平安安。

她善待自己的兄弟。8个侄男侄女，乃至十几个侄孙的读书、工作、成家、为人等，她都关心、帮助，处理得妥妥帖帖。

福莘老家的院子里，住着和她同宗同辈的李作周一家。李作周不识字，很老实，干农活是把好手，妻子在艰苦年代去世时，两个女儿素珍、忠玉都不到10岁。口慈心善的李福莘十分同情从小就失去亲娘的两位侄女——生活困难，为她们家争取救济款；素珍读书，给她免学费；教育两姊妹爱劳动，讲卫生，勤俭节约；帮助她俩谨慎处个人问题，热情招待结婚后的两位女婿；以娘家大姑的身份嘱咐素珍和忠玉要夫妻恩爱，家庭和谐，把子女教育培养好……素珍从李家坝到攀枝花、西昌，再到成都安居，如今六十多岁的她，一直把福莘视为亲人，"大姑大姑"地叫得很甜；一直把福莘家视为娘家，常回去看看。

福莘在滨河花园居住时，和对门的李老师情同姊妹。她和比她大十多岁的李太婆一起聊天、一起散步、一起逛商场购物，时时处处都关心她、帮助她。李太婆病了，福莘还主动叫自己的侄女去她家做家务，照顾受人尊重的李太婆。

小区里，"刘大个子"对李福莘尤为尊重。两位女人接触频繁，亲密无间，无话不说。刘大个子的老公"老王"是退休教师，退休金不薄，可主管家庭经济的刘大个子每月只给"老王"发少许零用钱。福莘知道后，在她俩一同散步时，再三劝告刘大个子："你家老王抽烟，有时打点小麻将。一个男同志在世上走，难免有三朋四友，每月给他的零用钱要宽裕点……老王的心情好了，你俩就能心平气和地想到一起，说到一起，矛盾就能化解，家庭自然就稳定、和谐。"刘大个子听了福莘的真心话、实在话，觉得只有好心人才会提醒自己、关心自己，从心眼里感激她敬重的"李大姐"。后来，刘大个子迁回了老家，可她常常给福莘打电话，不是感谢"李大姐"在居家为人方面对她的教诲，就是报告她家的喜事。无话不说的姐妹俩在电话里嘻嘻哈哈，一说就是好长时间。

去年暑假，李福莘的曾孙叮当到家里住了几天。叮当一边复习功课，一边帮曾祖母做事，左一个"祖祖"，右一个"祖祖"，小嘴甜如蜜，乖得很可爱。

一连好几天，李福莘都反复提醒叮当："在屋子里走路脚步要轻点，不能把凳子、椅子拖得'砰砰砰'地响！"

"祖祖，为什么我们在屋里走动总是像怕踩到地雷似的，那么小心干啥？"叮当心存疑惑。

"我们家楼下不是住着林爷爷一家吗？"福莘轻声地对叮当说，"咱们家的地板就是林爷爷家的天棚，走路的声音太大，老人家受不了；晚上如果吵醒了他们，他们就一夜都睡不好。"

叮当噘着小嘴："为什么我们楼上那家不这么想，总是发出'咚咚咚'的响声呢？"

福莘耐心地给叮当解释："楼上有个3岁的小弟弟，他要长大，要运动嘛！"叮当一听，嘴噘得更高："那我们家受委屈、吃大亏就活该哟！"

福莘把叮当搂在怀里，疼爱中带着启迪与开导："乖乖，你关心别人，别人就会关心你；你帮助别人，别人就会帮助你。在学习上是这样，在家里也要这样。"

短短几句话，在叮当心中埋下了"善待他人"的种子。她的小嘴不噘了，瓜子脸上露出了一丝微笑。

通庚和福莘在小区里散步的时候，一路上，总是看到福莘亲切地和路人打招呼，友好地交谈："你好，有几天没见到你了。""走了几圈？""哟，你的气色真好！""谢谢你昨天帮我提菜哟！"……也总是听到小区里的大爷、大婆夸奖福莘："大姐，你的身体越来越好了！""听说你去青城山了，好久回来的？""你送给我们那么多艾叶，谢谢哟！""李大姐，你家张老师还会拉二胡呢！"……通庚问福莘："你怎么认识这么多人？"福莘说："人，来到世上，需要相互尊重，相互理解，一声'谢谢'，一句问候，一个微笑，都将给你和他人的心中带来温暖，带来希望，使生活充满友爱和阳光。你不理睬别人，别人也不会理睬你；你善待他人，他人也会善待你，在关键的时候都

第四章 积淀无价 209

会得到很多人的帮助。"

"和友天下士、善待天下族"——这是李福莘的思想境界。

李福莘，一位女共产党员，她文明的语言是乐意接触、使人亲近、对人友好的纽带；是尊重别人、乐于助人、心存感激的载体。她善待他人的一言一行就像一轮轮闪闪发亮的五彩光环，照耀对方，温暖身边的每一个人。

20世纪90年代，福莘家的人脉很好，人气最旺，一年四季来客不断。

老太婆王大孃的儿子、儿媳和孙儿、孙女隔三岔五要看望她老人家，几个侄女、侄孙还先后在她家住过几年。福莘的三个儿女先后成家。他们经常回家过节、祝寿，看望外婆和父母。通庚的姐姐、妹妹、外侄是家里的常客。通庚和福莘的同事、朋友、老乡更是时不时登门拜访。

每次来客，福莘都热情招待，应酬、做饭、备菜都要花去大量精力。当客人们在席桌上吃喝时，福莘还得照顾客人的孩子。很多时候，客人们吃好了，告别了，福莘又忙着洗涮锅碗瓢盆，还来不及吃饭，上班时间就到了……

很多次，无数次，福莘在家里累得筋疲力尽后又饿着肚子去上班，通庚都看在眼里，可他没有自觉地帮她一把，也没想出一个减压的办法。久而久之，福莘过度劳累，营养不良，免疫力下降，贫血、类风湿、失眠、乏力等疾病无情地折磨这位乐于善待他人，忘记善待自己的女人，害得她在痛苦中受尽煎熬，瘦得皮包骨。

通庚每想到这些，就觉得自己糊涂、无知、愚昧，不是一个合格的丈夫，愧疚的泪水就扑簌簌地往下流。沉痛的教训严厉地警告他，绝不能让悲剧重演。

福莘到了晚年，最明智、最难能可贵的是善待自己。

她和通庚在交流、探讨时，充分认识到善待自己的重要性——人这一辈子，经历过无数酸甜苦辣，遭遇过不少坎坷与无奈，奋斗一生却带不走一草一木。忙了昨天又忙今天，不知道会消失在哪一天，成为一捧黄沙。人生苦短，很多人都说要活好一辈子，可走着走着就剩下了曾经。很多人明明说好明天再见，可醒来就是天各一方。只有今生，没有来世，生命只有一次，人生没有下辈子。身体就像一台精密的机器，我们只有去善待、去保养它才能持久地运行。人生就是做好两件事：第一是教育好孩子，不要危害社会；第二是照顾好自己，别拖累孩子。所以，再忙再累也别忘记善待自己，一定要照顾好独一无二的身体。

夫妻俩在认识统一的基础上，梳理出了珍爱生命、善待自己的精神谱系。

1. 让健康从心开始。一份好心情、保持好心态，是人生唯一不能被剥夺的财富。不生气，不动怒，不郁闷，不烦恼；笑一笑，十年少；心幸福，日子才轻松；人自在，一生才值得。开开心心地过好每一天，才是最好的善待自己。

2. 养成并坚持良好的生活习惯。不吸烟、不酗酒、不熬夜；多喝白开水；晚上用热水泡脚，按时起床睡觉；注意动静结合，劳逸结合。

3. 忘记过去，抛弃前嫌；不较真儿钻牛角尖，不逞强好胜。千万记住：话多了伤人，恨多了伤神；想得太多，容易烦恼；追求太多，容易累倒。

4. 注重食品安全和饮食清淡，常喝牛奶，多吃蔬菜水果和五谷杂粮。不吃隔夜食物，尽量少吃油腻油炸食品。

5. 多一些自我提醒。"行动慢一点，别摔倒、绊倒、跌倒。""饮食别过量，顿顿七分饱。""别坐得太久，该走动一下了！""别把钱存得太多，该吃的要吃，该喝的要喝！""帮助过别人就不想什么回报，免得怄气。""不要自己跟自己过不去。""晚上睡觉前，一定要检查煤气灶是否关好。"

近10年，福莘除了遵循善待自己的精神谱系外，一直不亏待自己。

舍得吃，喜欢喝人参汤、银耳汤、骨头汤、松茸鸡汤、老鸭汤；喜欢吃灵芝粉、八宝粥、海参粥、小米粥、五谷杂粮粥、炖猪蹄、粉蒸肉、菜饽饽。

喜欢玩，每天打开手机听歌、唱歌，和亲人聊天；听老伴拉琴、说笑话、打快板；看着视频做舒筋活络保健操；跟着一群太婆走路、游玩、逛街；在自家的阳台上种菜、养花。

2021年，福莘已年过八旬，但头发不白，眼角皱纹少，脸上气色好，皮肤有弹性；精神利索，行走自如；腰不弯，背不驼，不喘气，不咳嗽；没有"三高"，没有心病；体重由那些年的七十多斤增加到现在的九十多斤。亲人们都说她越活越年轻，看上去只有七十来岁；子女们都夸她在善待他人的同时也能善待自己；难能可贵的是行胜于言，能把善待自己付诸行动。

健身乐章

长寿之秘诀令人神往,健康的途径可自己选择。适当参加劳动,自己种植蔬菜,对长寿、健身大有好处。

通庚和福莘的切身体会有一定的科学依据,不是自圆其说,更不是天方夜谭。

他们从2005年起,先后在成都南面住宅区周围的6个地方种菜,其中有3处较远,乘公交车有4站路程。15年来,他们每周下地劳动两三个半天,一年四季吃自己种的新鲜蔬菜,称心如意,其乐无穷。

每次下地、回家,犹如在林荫道和开阔的田野上散步、漫游,至少要走几千步,既蠕动肠胃有利消化,又摩擦脚底、活动关节、放松肌肉。环顾四周,视野开阔,一片生机,空气新鲜;放眼远望,红日、蓝天、白云、青山,把大自然点缀得格外灿烂。老两口亲近大自然,边走边谈播种与收获,悠然自得。

用锄头、镰刀、铲子干活儿,能活动四肢和关节,可减少颈椎、腰椎的疾病。翻地、耘土、担水等全身运动可以改善血液循环,促进新陈代谢,调节大脑神经。

天气炎热、体力劳动引起的出汗属于正常的生理性出汗,对于人体的好处首先是散热,调节体温;其次是促进血液循环和新陈代谢。中医理论认为,出汗也是身体排毒,也能减肥。劳动出汗后,回家休息一会儿再洗个热水澡,一身凉爽、一身轻松,仿佛把半天的劳累全部抖落;然后坐在逍遥椅上喝茶,浑身就兴奋抖擞起来;进午餐时再饮点小酒,那才叫舒服、惬意。

下地劳动,晒晒太阳可以延缓衰老。人体所需的维生素D,其中有90%都是依靠晒太阳而获得。所以，维生素D也被称为"阳光维生素"。人的肌肤通过获取阳光中的紫外线来制造维生素D3，再把维生素D3转化为活性维生素D。这种类型的维生素有助于钙、磷的吸收，促进骨骼的形成。研究显示，体内维生素D水平较高者比维生素D较低者的机体平均年轻5岁左右。

在劳动中活动四肢，免费散热，免费排毒、减肥、提高免疫力，免费获取维生素D，何乐而不为呢！

至今，他俩80岁，腰不弯，背不驼，不咳嗽，不喘气；食欲好，免疫力强，精神矍铄，头脑清醒，记忆尚可。亲朋好友说他们身体健康和种菜有关，是劳动的璀璨回报。儿女们更是放心、安心，说父母身体健康让他们减少了忧虑，增添了快乐。

有人说，拥有适合自己生存的生活方式才是最好的养身方法。种菜，给自己一片空间，给自己一份自信，抖落昨天的疲惫与烦恼，享受今天的收获与价值。在日复一日的田间劳作中感受生命中最朴实、最细腻、最贴近内心的时光，用快乐的心情度过生命中的分分秒秒，远离忧愁，抛弃郁闷，实乃健康之举。

人的健康并不单是看有无疾病，而是身体、精神、生活等方面保持一种良好的状态，按照自己的意志去生活。生命中，

老两口的开心菜园

不仅要记住活了多少日子，还要记住做过什么事，记住那些值得回忆和留恋的事情。

晴日，阳光将浅夏葱茏的韵律写意在田间地头，柔柔的清风吹来了泥土馨香的气息。拥有一块菜地的老两口儿迈着轻盈的脚步，去欣赏自己的劳动成果。眼前，南瓜、黄瓜、苦瓜、丝瓜的种子发出了嫩芽，正破土而出；豇豆、菜豆长出了嫩茎，忙着爬杆；茄子、辣子的幼苗在微风中摇曳；玉米的秆子一天比一天高。一颗颗菜苗犹如美丽的天使，于清风中来一场心灵的盛会，各展自己的风姿，泛出幼叶的嫩绿，为主人装点隽丽的诗行。

绿叶丛中花果多

隔三岔五亲临菜地，恰似踏青、郊游、观光。当看到菜苗绿绿的、嫩嫩的，有的在长藤，有的在爬杆，有的在开花，有的在挂果，有的在"怀儿"，脸上顿时堆满笑容，不再有静默的苦涩，那才叫乐以忘忧呢！

盛夏，蔬菜生长的旺季，菜地里斑驳陆离，红番茄、黄玉米、紫茄子、白豇豆、绿菜豆、圆南瓜、胖冬瓜、大黄瓜、长丝瓜遍及菜地的每一个角落，琳琅满目，美不胜收。茁壮的辣椒枝条上挤满了形状各异的辣椒。有的圆鼓鼓的，像灯笼；有的弯弯的，像牛角；有的上头大、下头小，像锥子。颜色斑斑驳驳，绿色的、红色的、半绿半紫的、半紫半红的，在同一枝茎上显示了从孕育到成熟的整个奇妙过程。绿叶丛中，那不依不饶的仍在竞相绽放的花蕾和一朵朵雪白的小花毫不示弱，定要后来居上，超过他们的"哥哥姐姐"。

通庚和福莘目睹长势旺盛的新鲜蔬菜布满菜园时，心情舒畅，满载喜悦。

雨住天开，云缝里泻下一抹羞怯的阳光，洒在湿漉漉的菜园里，令人心胸开阔。这时去摘菜，可以随心所欲，想吃什么瓜就摘什么瓜，想吃什么豆就摘什么豆，需要多少就摘多少。当你提着这些新鲜蔬菜回家时，就会想到土地的珍贵、劳动的价值，觉得自己的力气没有白费，汗水没有白流。成功的喜悦驱除了烦恼，丰盛的收获赶走了忧愁，什么抑郁、苦闷都早已逃之夭夭。

他们辛勤浇灌，土地慷慨馈赠。人生越努力、越勤劳、越执着，得到的回报就越多，得到的快乐也越多。与其说他们收获的是蔬菜、粮食，不如说是收获了无偿的土地资源，收获了勤劳与智慧，收获了健康与快乐。

秋冬季节，市场上有的蔬菜他们家的菜地里几乎都有。红苕、芋头、黄豆、红豆成熟了；白萝卜、胡萝卜长大了；青菜、白菜、芹菜、菠菜、冬寒菜、莴笋、莲花白、葱子、蒜苗长势很旺；豌豆苗（尖）遍及坡坡坎坎，长得又绿又胖。

他们的大儿子国强，女儿晓慧都住得比较近，可以随时得到他们喜欢吃的红苕、芋头、白萝卜、青菜、豌豆尖。其实，通庚和福莘送给儿女的不仅仅是蔬菜，也有勤勉的叮嘱和爱心的倾注。

菜的品种越多，享用的乐趣越浓，或蒸或煮，或煎或炒，或泡或腌，随心所欲。什么红苕干饭、萝卜稀饭、青菜饽饽、糖醋白菜、虾仁冬瓜、凉拌黄瓜、南瓜汤、玉儿鸡、土豆泥、莴笋片、玉米馍、鲜豆浆、番茄炒鸡蛋、芹菜炒牛肉、青豆拌肉末、干煸四季豆、油炸花生米、香菜拌三丝，想怎么吃就怎么吃。红苕、萝卜、茼蒿菜做底子的粉蒸肉细腻可口；冬寒菜、莴笋叶熬的稀饭口感特好；红萝卜、紫萝卜做

纯天然绿色食品

泡菜色鲜味美；香葱肉丸子汤里加豌豆苗清香扑鼻；蒜苗炒的回锅肉别有滋味；用调料拌的萝卜干又脆又香又清甜。

"劳动是价值的唯一源泉。"反映在他们的菜篮子里，反映在他们的餐桌上。

人们到菜市场买菜，有的买到的"上眼"菜是刚洒过农药的；有的买到的"干净"菜是刚在污水凼里涮了的。然而，他们自己种菜，一不洒农药，二不施化肥，三不用生长素、膨胀剂、催红素什么的。享用菜肴时，给大家一种特有的感觉就是绿色、纯天然、原生态，吃起来无虑、放心。尽管"绿色食品""放心蔬菜""纯天然粮油"的广告满天飞，但通庚和福莘都毫不在意。他们相信的是自己种植的菜品和粮食，喜欢自己培育的食材，自己觉得放心才是真正的放心。

试想，现在也好，将来也好，无论哪个地方，在修建居民住宅时，如果开发商在注重环保的前提下，能在建筑面积内圈一片土地作为"小农场"，分别租给业主种菜，那定是一件好事，房子也一定好卖。因为，勤劳是中华民族的美德，居民们愿意用勤劳的双手种植自己享用的蔬菜。

第四章 积淀无价 217

草根作品

通庚老师退休后和福莘一起到成都欢度晚年已接近20年了。他俩帮儿女家做事，教外孙读书，和亲人团聚，与乡友联谊，种菜，娱乐，玩电脑，玩手机，活力尽显，生活仍是那么丰富多彩。

一生喜欢文娱活动的通庚老师先后参加了三个社区的文艺创作和文艺演出。他创作、导排的曲艺节目《都说第一次》《家庭和谐就是好》《少年莫把网吧上》《六个大妈说安全》等，跟形势、接地气、遂民意，多次在社区、街道、成都市展演、巡演，深受观众喜爱。2018年，他被评为社区文艺工作"优秀导师"。

通庚老师参加了天府新区华阳街道老年协会文学社，经常和三十多位老年朋友一起谈诗论文，切磋创作，一起写华阳，颂华阳，赞扬华阳的变化，赞美华阳的人文。他的十多篇独创作品，包括诗歌、散文、小说、文艺节目，已分别

爱好文艺的见证

载入《诗文华阳》第一集、第二集。其中的《抗震精神万代传》《家乡的端午节》《会算账的一家人》《2020，让我们懂得很多》记叙了过往史实、社会沉淀，让后来人了解曾经发生过的故事。2019年，他荣幸地成为华阳街道"优秀市民"。

2019年10月，成都市《华西社区报》记者刘福燕同志专程到张通庚家采访，随后做了专题报道。

下面的草根作品可以说是通庚老师人生中的点滴沉淀。"草根"也好，"拙笔"也罢，都反映了他的思想境界和精神寄托。

（一）诗歌

抗震精神万代传

地球是人类共同家园，
地球是人类生存靠山。
地球的好处数不清，
地球的恩惠说不完。
地球是生命的大摇篮，
可灾害常发瞬息之间。
单说二〇〇八年，
五月十二那一天，
差两分钟就到两点半，
八级地震突发汶川。
受灾县市二十几，
损失巨大，令人心寒。

党中央，国务院，

与灾区人民紧相连，
立即召开常委会，
胡锦涛总书记紧急动员。
周密部署，科学全面，
重中之重，救人为先。
温家宝总理打前站，
当天下午到四川，
下飞机，马上赶到都江堰，
亲临现场，指挥救援。
他强调，废墟中救人是关键，
妥善安置伤病员，
尽快修复运输线，
排除隐患保安全，
保证供水和供电，
恢复通信莫畏难。

全国齐响应，听从召唤，
各级领导奋勇向前。
天空地上和水面，
争分夺秒抢时间。
子弟兵，十多万，
雷厉风行不迟延。
公安警察英雄汉，
昼夜兼程去救援。
医生护士上前线，
随后又是防疫员。
志愿者服务，真情一片，

专家组指导，细致周全。
送货的车辆，源源不断，
捐赠的物资，堆积如山。
　大米食油方便面，
　蔬菜饮料和饼干，
　各族人民把爱心奉献，
　一方有难，八方支援。
　送钱送物心甘情愿，
　国内国外都在募捐。
战士不顾疲劳连续作战，
医生冒着危险抢救伤员。
领导以身作则率先垂范，
干部奔赴乡村涉水登山。
官兵救人负伤不下火线，
教师壮烈牺牲一瞬之间。
　万众一心，真抓实干，
　抗震救灾，功绩斐然。
反反复复打通多条生命线，
通电通水通电信捷报频传。
堰塞湖的险情排除在先，
次生灾害预防决不等闲。
抢救医治伤病员二十几万，
从废墟中救人三万五千。
　帐篷简易房，牢牢搭建，
　基本设施样样俱全。
　安置受灾群众三四千万，
　生活有保障，秩序井然。

全面复课师生见面，
中小学生返回校园。
大灾之后没有疫情出现，
市县乡村都有防疫人员。

13亿人民的凝聚力，极致无限，
意志坚强，钢铁一般，
精诚团结，不畏艰险，
众志成城，改地换天。
世界各国都把中国称赞，
赞中国，国富民强实力添。
赞中国，科学手段现代化，
赞中国，应急能力超空前。
中国人，钢铸般的脊梁永远震不断，
中国人，不屈不挠的精神万代流传。

八十感怀

时光轮转，不经意间韶华悄然
岁月流逝，让我更加懂得自身
跨越两个世纪，八个年代
多少个以往、曾经……
任凭日晒雨淋，暴风旋涡
哪怕历程坎坷，荆棘丛生
五味人生也算丰富多彩
珍惜生命，守望未来，始终一片痴情

不纠结沉浮得失

不在乎利禄功名

后代才是一生最称心的作品

生命的摇篮，宁静的港湾

给孩子们安全、温馨

传承勤俭敏学的家风

崇尚懿德孝敬的诗文

用心血和汗水浇灌幼苗

用德行和学识培育儿孙

忆往昔

父母给了我宝贵的生命

不曾享受儿女的报答就撒手人寰

犬子未能感恩尽孝

内心有愧，遗憾终身

兄弟姐妹谨遵父母教诲

团结友爱，互相帮助，一往情深

对晚辈虽尽绵薄之力

但有时也力不从心

可贵的是亲情永驻

美好的向往是世代昌荣

荣升耄耋

国家敬老、养老

退休金、医保费年年递增

关怀备至，体贴入微，儿女多么孝敬

身体硬朗，无忧无虑，天天都是好心情

快乐地活在当下
是最最明智的选择
长寿过期颐,所有晚辈都会骄傲、欢欣

母亲的足迹

母亲,留给儿女最多最多的
并非财物、货币
而是难以计数的足迹

多少个春夏秋冬
母亲踏烫土,踩泥泞
奔波于田间、地头
忙碌在风里、雨里
来来去去的脚步换来五谷杂粮
或是一个硕大的冬瓜
或是一篮饱满的豆角
或是青菜,红薯,芋头……
足迹的收获
尽在锅里、碗里

从灶屋到饭桌
一个小小的空间
少不了的一日三餐
都在这里承继
母亲天天变着花样备办食品
进进出出,转来转去

把热乎乎的饭菜端上桌
让儿女吃好吃饱，增长智慧，裨益神气
几十年，小小空间究竟留下多少脚步
谁也无法丈量和统计

儿女上学了
母亲接送岂止一朝一夕
从幼儿园到小学，
提小书包，打花折伞
悠悠牵挂，寸步不离
一陪就是十来年
朝夕相伴的足迹
把儿女送到步步向上的阶梯

母亲的足迹
承载着担当、责任
历史的印记
是一部蕴含母爱的典籍
儿女感恩母亲
应躬行敬业守业，自食其力
不给母亲添乱，活得有模有样
才是最好的孝顺和敬意

诗朋山水恋
（七律　平起式）

阳光胜地众诗仙，

四季逍遥爱水峦。
仲夏漂流搏细浪，
春秋赏美恋平川。
横观净水涟漪起，
纵览巅峰峻岭绵。
大好河山多壮丽，
亲临盛景舞翩跹。

盛夏农歌
（七律　仄起式）

乡村美媚住山洼，
四季甜歌进万家。
地里箴言呼巧干，
田间喜唱种粮瓜。
栽秧唤醒及时雨，
下种吟开汗水花。
致富之音飘旷野，
声声入耳众人夸。

清明祭祖传家风

先辈辛劳苦一生，
兴家立业耀门庭。
恩泽后世付心血，
临终遗嘱胜福音。
告诫晚辈继诗书，

金科玉律传后人。
清明祭祖树自我，
家风家训永传承。

2020，让我们懂得很多

2020，人生的学校，
2020，社会的课堂。
这一年，我们体会很深，心明眼亮；
这一年，我们感悟很多，知识见长。

人，来到世上，
有快乐，也有幸福；
有痛苦，也有悲伤。
人活着很不容易，
珍爱生命才是至高无上。

人生没有下辈子，
安全地活着才算无限荣光。
只有今生，没有来世，
要让独一无二的身体天天见到朝阳。
再忙再累也不要忘记心疼自己，
给儿女最好的礼物是身体健康。

善待身边的每一个人，
多一些宽容，多一些体谅，
多一分理解，多一分谦让。

何必较真儿，何必逞强，
和和气气地过好每一天，
心态平衡，心情就舒畅。
生活简单，日子才轻轻松松，
珍惜情缘，生命才闪闪发光。

养成良好的生活习惯，
勤洗手，多通风，
戴口罩，少聚集，
自觉使用公筷公勺，
一定要放在心上。
防病毒，防传染，防事故，
食品卫生天天讲，
安全意识要增强。
心存侥幸，疏忽大意，就是糟践自己，
把公共卫生不当一回事儿，就会招来祸殃。

坚持锻炼，开心快乐，天天把歌唱，
提高免疫力，增强抵抗力，多多晒太阳。
珍爱生命，让生活更加美好；
享受生命，让人生充满阳光。

崇尚民族精神

2020，全民抗击突袭而至的新冠肺炎病毒，
奏响了中华民族不屈不挠的最强音。
人民至上的激情熊熊燃烧，

阻击战的烈火在神州升腾。
深厚的传统文化注入强大的精神力量，
　　全国人民同舟共济，众志成城。
　　举国上下团结一致，守望相助，
　　中华儿女坚韧顽强，勠力同心。
13亿中国人汇聚成一股强大的合力，
　　　智慧与能量无穷无尽。
　　　　与时间赛跑，
　　　　与死神抗争，
　　　　挺起民族脊梁，
　　　　抱定必胜信心。
　　精准施策，联防联控捷报频传，
科学医治，挽救生命的战绩震惊世人。

　　民族精神——兴国之魂、强国之魂。
延伸在神州大地一行行逆行的脚步里，
厚植于战役英雄夜以继日的拼搏中。
　　　"武汉加油！"
　　　"中国加油！"
高昂的口号，彰显战胜病魔的壮志雄心。
　　　　一笔笔捐款，
　　　　一车车物资，
　　　　一袋袋食品，
　　凝聚着大爱无疆的同袍亲情。
　　　白衣天使，公安民警，
　　　青年志愿者，人民子弟兵，
　　　快递小哥，建筑工人……

第四章 积淀无价 229

他们勇于担当，不负使命，

无私奉献、默默坚守，始终一片赤诚。

这就是巍巍华夏代代后裔的灵魂美，

这就是泱泱大国赖以生存的精气神。

古特雷斯称赞中国人民"为全人类做出贡献！"

世卫组织也高度颂扬中华民族的伟大精神。

（二）散文

会算账的一家人

  夜幕降临，小区显得格外安静，花蹊小径和林荫大道上偶尔可见物业人员在巡逻。

  活动场地四周，居民住房里灯火通明，各家各户的大人小孩都宅在屋里，不是看电视、看书，就是做家务、聊天……自武汉市发生新型冠状病毒感染以来，小区居民防范意识不断增强，自觉做到勤洗手，多通风，出门戴口罩，不去人群密集处。

  活动场地南面A栋5楼9号住着小青年杨东昇一家。东昇的爷爷、奶奶已退休，爸妈在华阳一家企业上班，妹妹上小学。一家六口互相尊重，相互体贴，和和气气过日子，人人开心快乐。他们在防控新型冠状病毒的十多天里，能够坚持少出门、不出门，出门正确戴口罩，是因为全家人都会算账。

  东昇的妈妈是共产党员，单位会计，思维缜密。春节前，武汉发生新型冠状病毒感染后，她就因为想到疫情可能会扩散而为国担忧。她知道人感染了新型冠状病毒后要十多天才发病而且会迅速传染，一想到人民群众，心里更焦虑。

大年初二上午，愁眉不展、心事重重的东昇妈特请全家人和她一起算账。

东昇爸极力支持，很快就把父母亲和两个儿女叫到客厅坐好，等待"会计老师"上一堂重要的会计课。

"如果一位武汉出来的人带冠状病毒去旅游或探亲访友，或携带冠状病毒回家与亲人团聚，一路上乘车，住旅店，进餐馆，会亲友等等，会接触多少人？"东昇妈叫大家想一想，算一算。

"少则十几个，多则几十个，没有定数。"东昇爷爷随口便答。

"那么，10个，100个，1000个携带冠状病毒的人呢？"

"天哪！那不要接触成千上万人！"东昇奶奶没有计算就回答道。

会计老师继续上课：第一批带病毒的人发病了，被医院收治隔离了。但是，与带冠状病毒的人接触的第二批人中，一部分或大部分人又会不知不觉地感染上冠状病毒。由于冠状病毒有潜伏期，传染性强，第二批人脸上又没刻"有病毒"字样，他们到一些省（市）去，到人群密集的地方去，又悄悄地把冠状病毒传染给第三批人。以此类推，第三批，第四批……都得了冠状病毒，那可是好几万，甚至几十万，上百万哪！

"妈，你不用再说了！"一直听得很入神的小女儿一时被吓住了，打断了妈妈讲课，"这叫一传十，十传百，百传千，千传万，好危险！"

东昇爸悟性很强，开门见山地说："一批一批的冠状病毒携带者很快就遍及全国各地，不停地传染……"

"说不定冠状病毒就会传到华阳，冠状病毒携带者就在我们周围，所以，我们一定要待在家里，免得被感染。"东昇接过爸爸的话，把妈妈的良苦用心一语道破。

"东昇说得好，不出家门，预防感染。"爷爷表态十分坚决，"防控就是责任，自己管好自己，自己不受感染，也不传染别人，就是为国家分忧。"

"传染源为0，风险也就为0了。"天真的小女儿笑着说。

东昇妈脸上露出了笑容，满有信心地说："全国每一个家庭的成员都做到不出门、少出门，出门正确戴口罩，冠状病毒的传染就会减，减，减，一直减到零。全国人民堵住了'一传十，十传百，百传千，千传万'，就能为国家节省几十亿乃至上百亿元人民币。"

"有共产党的正确领导，有习主席的高度重视和精准运筹，众志成城，科学防控，精心治疗，确诊病例的出院率就会增，增，增，一直增到百分之百；重症病例的死亡率也会减，减，减，一直减到零。"东昇爸的发言铿锵有力，客厅里响起了热烈的掌声。

"会计课"上的6位师生站起来了，每个人的目光都看得很远很远，他们似乎看到了全国各地战疫情的庆功会，看到了五星红旗在祖国的蓝天上高高飘扬。

和煦的阳光透过贴着"福"字的玻璃窗，映在"会计老师"和她几位学生的笑脸上，那笑容、笑意显得更美、更浓、更甜。一只喜鹊站在窗前的树枝上喳喳地叫个不停，意思是：抗疫的胜利一定属于坚强不屈的中国军队、中国医生、中国人民。

家乡的端午节

川东地区，大巴山麓，有一条小有名气的水系——渠江。

渠江两岸风景如画，土地肥沃，人烟稠密。大大小小的院落星罗棋布，层层叠叠的梯田遍及沟壑、山坡。

渠江边上文峰村的李家院落里，年过六旬的李大爷是一名退休教师，也是李家长辈。他对中国的传统节日——清明节、端午节、中秋节、春节——在历史发展演变中杂糅成的多种民俗、习俗颇有研究。2009年，端午节成为中国首个入选世界非遗的节日后，李大爷对端午节的深厚文化内涵更感兴趣了。

"端午节也是自古相传的卫生节。"李大爷说。多年来,每到农历五月初五,他都要带领院落里的十多户人家洒扫庭院,挂艾枝,悬菖蒲,熏苍术,洒雄黄水,饮雄黄酒,辟邪除灾,杀菌防病,避瘟驱毒,迎祥纳福,祈求健康的良好愿望。

节日里,卫护生命、强健灵魂、激扬精神的能量在中华民族的血液里流淌。

2018年端午节那天,传统文化在李家院落展现得淋漓尽致。

一大早,清晨的凉风给人们带来惬意。李大爷兴致勃勃地出门挖菖蒲,割艾条,乘兴而归后再端端正正地挂在大门两侧;李大娘,刘幺嫂、王小妹等手拿镰刀,身背背篼,到上坡上割苦篙、艾条、麻柳树叶、八角枫叶……小孩子们点燃艾条、蚊烟,置于屋内每个角落。

采"药"的都满载而归。她们一边晒"草药"一边说:"端午这一天,百草都是药。""用这些晒干的叶子、草草、藤藤熬水泡脚、洗澡,可以清热解毒,辟邪除病。"

吃过早饭,阳光洒在李家院落,家家户户是那么祥和、喜庆。艾叶、菖蒲、艾条的清香散发到整个院落,什么瘴气、晦气、霉气、邪气都一扫而光,人人感到神清气爽。

10点过,李大爷家的小花狗"汪汪汪"地叫了几声后,摇着尾巴跑出院子,迎来了李大爷的女儿、女婿——他们是来给父母亲送端午礼物的。李大爷的大儿子见妹妹回娘家了,连忙带着老婆孩子到父亲家团聚。

厨房里顿时热闹起来,蒸粽子,煮盐蛋,拌凉粉、凉面,做酥麻花、面扇子,炸花椒叶粑粑、苋菜粑粑,兑雄黄酒……一家人忙得不亦乐乎。

中华文化丰富多彩,加上传统佳节独特的美食文化的浸润,更显得源远流长、博大精深。

一大家子围着大圆桌共进午餐。首先，李大娘把花折伞送给女儿，再把一顶象征勤劳的草帽和一条汗巾送给女婿。女儿、女婿连忙起身，恭恭敬敬地把两把崭新的蒲扇送给父母："端午安康！祝爸妈天天开心！"

"端午安康！"全家人举杯祝福，相互奉菜、敬酒，各选喜欢的美食。席间，始终洋溢着互敬互爱的祥和气氛。

孙子边吃粽子边问："爷爷，端午节为什么要吃粽子呢？"

李大爷抿了一口雄黄酒，摇着蒲扇说："战国时期，楚王宠信奸臣，排斥忠良，屈原屡劝，反被流放。屈原在放逐途中，听到秦国连败楚国，心如刀割，于五月五日，写下绝笔作《怀沙》之后，抱石投汨罗江身死，以自己的生命谱写了一曲壮丽的爱国主义乐章……端午节，人们把粽子投到江河里，就是为了不让鱼儿吃屈原的尸体，以此祭奠屈原。"

李大爷的儿子特别强调："端午节，汉族人民用吃粽子、划龙船、朗诵屈原诗歌等形式纪念屈原，就是要发扬他的爱国主义精神。"

金乌西坠，那些从娘家返回的女儿撑着花折伞，提着麻花、面扇子，和头戴草帽、肩佩汗巾的老公并肩而行。一双又一双，衣着艳丽；一对又一对，打扮时髦。乡间小路上，一道道亮丽的风景格外引人注目。

端午龙舟竞赛

234 __家的积淀

托共产党的福

21世纪初，我国经济体制改革的逐步深化极大地推动了工业化和现代化的进程。城市年年都有新面貌，什么"庭""苑""园""楼"等居民小区如雨后春笋，应运而生。中国，被国外称为"基建狂魔"。

家庭变迁是社会变革过程中的典型例证。一大批40后，50后的离退休干部，还有那些跟着儿女享福的大爷、太婆纷纷拥入城市，住上新房。他们共同的心声是"托共产党的福"。中国历史的最强音，感人肺腑，经久不息，一直在全国各个家庭的上空飞扬，一直在每个家庭成员的耳边回响。

光明小区绿树成荫、花团锦簇，芳草萋萋。盛夏，树叶在暖风中摇起一把把绿扇，为树下乘凉的人们带来习习凉风；花儿们竞相开放，一朵朵争奇斗艳，非要比个高低不可；小草毫不示弱地顶着烈日，挺起窈窕的细腰，摇曳着靓丽的倩影。

庭园典雅，环境宜人，公园城市，给老年朋友的晚年生活增添了许多情趣。

小区里有这样几位老人，居民们的雅称是"眼镜老师""文笔先生""热心书记""善良师傅"。他们在21世纪初先后迁居光明小区，享受人间仙境，拥抱美好明天。

早在20世纪60年代，这四位同志就在党旗下对党和人民作出了庄严承诺："对党忠诚，积极工作，为共产主义奋斗终身。"

同在一个党支部的四位党员，按时缴纳党费，定期参加组织生活、学党章、听党课、学党史，使他们成了志同道合的知音。小区旁边的憩心茶阁便是他们聚会的场所、交流的平台。

2021年7月1日是中国共产党成立100周年华诞。6月中旬的一天上午，阳光明媚，憩心茶阁四周的三角梅开得正艳，红的、粉的、紫的,一簇挨着一簇,犹如一片片彩色的云朵,把茶阁点缀得分外壮观。"热心书记"特地邀请三位挚友到夏意正浓的休闲地喝茶,交流学党史的心得体会。

茶阁老板远远望见多年的常客前来品茗,分外高兴,连忙上前笑脸相迎。服务生用适量沸水给他们各沏了一杯花毛峰。"文笔先生"俯首细看,茶叶在杯子里上下沉浮,散发缕缕清香。过了一会儿,服务生又提起水壶注入一线沸水,杯中的茶叶不断翻腾,一缕更醇厚更醉人的茶香袅袅升腾,释放出四季风韵——春的温存、夏的火热、秋的丰盈、冬的清冽。几朵紫红相间的三角梅花瓣随风飘落到茶桌上,增添了浓浓的诗情画意。

已有50年党龄的"热心书记"热心党务工作,热心小区的环境治理和精神文明建设,定期组织党员学党史,回顾中国共产党从成立以来每次党代会的精神财富和生活营养。他呷了一口香茶,严肃认真地向同志们汇报自己的学习心得:

"中国共产党第一次全国代表大会于1921年7月23日至8月初在上海法租界望志路106号和浙江嘉兴召开。出席大会的各地代表共13人,代表着五十多名党员的心愿。会议通过了中国共产党第一个纲领,确定党的根本政治目的是实行社会革命,明确提出要把工人、农民和士兵组织起来。一大的召开,标志着中国共产党的正式成立犹如一轮红日在东方冉冉升起,照亮了中国革命的前程。"

"眼镜老师"感慨万分,引用了毛泽东当时说的一句话:"中国产生了共产党,这是开天辟地的大事件。"

"文笔先生"心中想到的是托共产党的福,沉睡了几千年的雄狮才终于苏醒。他高兴地赞颂:"自从有了中国共产党,中国革命的面目就焕然一新了。"

"善良师傅"被小区居民称为"大好人"。他谨记为人民服务的宗旨，经常为邻居修电器、换水管、检查煤气管道和开关，强调安全第一。这一天，他带着笔记本参加交流会，听了"热心书记"的发言后，立刻翻开笔记本，向大家汇报领悟"七大"精神的收获：

"中国共产党第七次全国代表大会于1945年4月23日至6月11日在延安杨家岭中央大礼堂举行。出席大会共755人，代表着全党121万名党员。七大历时50天，确定了毛泽东思想为全党的指导思想，选举毛泽东为中央委员会主席。8月，中央政治局会议决定，毛泽东为中央军事委员会主席。"

"善良师傅"见大家聚精会神地听他发言，频频点头，向自己投来赞许的目光，精神更加振奋，接着又说："七大，把党在长期奋斗中形成的优良传统和作风概括为三大作风：理论联系实际、密切联系群众、批评与自我批评……七大是中国共产党在新民主主义革命时期极其重要的一次代表大会，它总结了中国新民主主义革命二十多年曲折发展的历史经验，制定了正确的路线、纲领和策略，使全党在马克思列宁主义、毛泽东思想的基础上达到了空前的团结。这次大会作为团结的大胜利的大会而载入史册，为党领导人民去争取抗日战争的胜利和新民主主义革命在全国的胜利奠定了政治上、思想上、组织上的基础。"

这时，服务生提壶续水，见到茶桌上的《习近平谈治国理政》和《学习笔记》，听到几位老党员讲的全是共产党的历史，不禁竖起大拇指啧啧称赞："这才是真正的不忘初心！"

"文笔先生"很讲究学习方法。他自备了一个十分精致的小册子，封面上工工整整地写着"党代会精神摘要"七个大字。里面记载着共产党制定的路线、方针、政策及各个时期的重大事件，一条又一条，简明扼要，一目了然——

中国共产党第八次全国代表大会作出了党和国家的工作重点必须

转移到社会主义建设上来的重大战略决策。

中国共产党第十三次全国代表大会提出了党在社会主义初级阶段的"一个中心、两个基本点"的基本路线，即以经济建设为中心，坚持四项基本原则，坚持改革开放。

中共十一届三中全会的中心议题是讨论把全党工作重点转移到社会主义现代化建设上来。确定了解放思想，开动脑筋，实事求是，团结一致向前看的指导方针。

改革开放是1978年12月中共十一届三中全会制定的中国开始实行对内改革、对外开放的政策。

中国的对内改革先从农村开始，1978年11月，安徽省凤阳县小岗村实行"分田到户，自负盈亏"的家庭联产承包责任制（大包干），拉开了中国对内改革的大幕。

1992年10月召开的中国共产党第十四次全国代表大会宣布新时期最鲜明特点是改革开放，中国改革进入新的时期。

中国共产党第十五次全国代表大会提出了到2010年建成有中国特色社会主义新农村的奋斗目标。

中国共产党第十七次全国代表大会把科学发展观写入党章。科学发展观是同马克思列宁主义、毛泽东思想、邓小平理论和"三个代表"重要思想既一脉相承又与时俱进的科学理论。

"眼镜老师"听了"文笔先生"的发言后，满怀激情地说："家庭联产承包责任制"极大地调动了广大农民的生产积极性。从此，各类物质越来越丰富，人民生活水平不断提高，日子越过越红火。十多亿人民一致高呼："托共产党的福，中国人民富起来了！"

"善良师傅"道出了自己的心里话："我国经济腾飞靠的是改革开放；中国军队强大、国防强大靠的是科学发展观和国家经济实力不断增强；我们的儿女能参工、能就业、能下海、能各显身手，靠的是以经济建设为中心，靠的是改革开放……"

"善良师傅"还没说完,"眼镜老师"一嘴接了过去:"是啊,要不是儿女们能在改革开放的大环境中凭党的政策,凭勤劳和智慧挣钱、创收,怎么买得起房子、车子?我们又怎么能到蓉城欢度晚年呢?一切的一切,都是托共产党的福。"

红日当空,金色的阳光撒满大地,泻在憩心茶阁的每个角落。茶桌上的党史资料在阳光下熠熠生辉,闪现出的耀眼光芒映红了老党员的张张笑脸。他们热爱党,对党忠诚的情怀已经完全融入血液中,渗透到骨子里。

四位老党员围绕"牢记使命"谈体会时,"热心书记"概括地介绍了中国共产党第十九次全国代表大会的盛况:

中国共产党第十九次全国代表大会于2017年10月18日至10月24日在北京召开。2280名党员和党干部代表全党450多万个基层党组织和8900多万名党员出席大会。

这次大会的主题是:不忘初心,牢记使命,高举中国特色社会主义伟大旗帜,决胜全面建成小康社会,夺取新时代中国特色社会主义伟大胜利,为实现中华民族伟大复兴的中国梦不懈奋斗。

中国共产党人的初心和使命,就是为中国人民谋幸福,为中华民族谋复兴,把人民利益摆在至高无上的地位。

大会向全世界宣告:中华民族迎来了从站起来、富起来到强起来的伟大飞跃,中华民族将以更加昂扬的姿态屹立于世界民族之林。

"为中国人民谋幸福,为中华民族谋复兴。"神圣而光荣的使命成了每位共产党员行动的指南,奋斗的目标。

中午时分,交流会圆满结束。"眼镜老师""文笔先生""热心书记""善良师傅"沐浴着党的光辉乘兴而归。阳光普照的大道上,四位老党员容光焕发、神采飞扬、步伐豪迈,因为他们为肩负神圣而光荣的使命而感到骄傲、自豪。

记者访谈

爱国情融入艺术原创作品礼赞祖国
——华西社区报记者刘福燕

一个人怎样才能实现人生的价值？对此，经历不同，看法自然不同。

居住在成都天府新区华阳街道伏龙社区79岁的张通庚老先生，从教几十年，桃李遍天下，晚年继续发挥文艺特长，把强烈的爱国情感融入自己的原创作品，不遗余力地为华阳街道、社区的精神文化建设贡献热情与才华。

不忘初心　分享育人经验

1956年，张通庚开始从事教育工作。几十个春秋，不仅为国家教育出许多优秀的学生，也为家庭培养了出众的儿孙。工作期间，张老被评为四川省小学特级教师，他所发表的文章、教研成果多次获得省级及市级奖。

张老为人非常友善随和。采访过程中，他一直耐心认真地与记者交流，从中可以看出他做事很严谨。他经常到田间劳作，去社区编排舞蹈，平时还要拉拉二胡、写写文章，退休生活充实而有趣。

近几年来，张老把自己一生总结的教学经验、体悟的人生哲理写成了丛书《往事历历》《从教与悟教》《乐在其中》。三本书都是他自己用电脑敲打出来的。在整洁的书房中，电脑成了他重要的写作工具。张老谦虚地说自己电脑使用得还不好，而像他这个年纪的老人中愿意去学电脑、用电脑的人并不多。

在《从教与悟教》一书中，涉及教研、教改、师生互动、家教、早教等专题内容，记录了张老师从事教学的许多心得体会，比较系统全面地介绍了如何才能把少年儿童培养成才。他认为"家长让孩子在公众场合唱歌、朗诵、演讲、发表意见，是提高孩子语言表达能力的明智之举。"他用严格的标准要求自己："一位合格的父亲首先要尊重孩子，其次是长期引导孩子树立自尊、自强、自信、自爱的优良品质。"

热爱生活 尊享人间快乐

除了总结教育经验外，张老在书中也记录下快乐的生活。他说，在华阳居住的生活恬淡而幸福，幸福感既来自家人的关爱，也来自街道、社区以及艺术团队伙伴们的陪伴。他体察世事、寻觅快乐，也在生活中创造快乐。

退休教师张老在自家的小菜园中种下了不少蔬菜，除了自用外，还会分一些给儿女，送一些给邻居。他说："我老两口珍惜土地，热爱劳动，退休后来到华阳，就和其他华阳人一样，在华阳这片土地上演绎我们的幸福生活。"

张老是一位重仪表、重服饰的人。在采访过程中，他说要演奏一段二胡曲，随即换上了漂亮的中国传统对襟唐装，端坐在沙发上，双眼微闭，特别专注地拉了一段曲子。"我幼年就喜欢音乐，在从教过程中学会了二胡，并用二胡教学生唱歌，给宣传队伴奏，三把二胡陪我度过了六十多个春秋。"张老介绍说，"第一把二胡是学校的，是音乐课的'助教'，陪伴了自己19年。第二把是酷爱音乐的好朋友送的'友情二胡'，第三把是2015年儿子买的'夕阳二胡'。无论何时，只要拉起二胡，心里就暖洋洋的。"他越说越激动，越说越高兴。

和他一起谈到跳舞的时候，张老更是眉飞色舞，滔滔不绝：

"我在乡村教书的28年里，跳舞一直没有间断，经常和年轻教师及农村的男女青年一起学舞、跳舞，定期向群众演出。到

通庚参加健身舞比赛

县城工作期间，曾代表本县老年协会到地区参加健身舞比赛，和十几支队伍PK后荣获一等奖。"他拿出一张珍贵的黑白照片，说是珍藏了三十多年。

"原达县地区小学语文研究会每开一次年会，晚上都要跳交谊舞。"他接着说，"跳广场舞是从2000年开始的，健身队的队长见我能跳舞，就请我教大伙儿跳'组歌'，即用'串烧'的方式把十几首歌连起来跳下去，什么《北京的金山上》《南泥湾》《阿瓦人民唱新歌》《雪山升起红太阳》……旋律优美，节奏鲜明，热烈欢快，情调各异，富有生气与活力。几十个人随着音乐手舞足蹈，一跳就是二十多分钟。围观的群众都笑得合不拢嘴，都夸奖'领队'老师能干。"说到这里，他脸上洋溢着灿烂的微笑。

原创作品　融入爱国热情

老人围绕新中国成立70年来的巨大发展变化，创作了许多文艺

演唱材料。说唱、金钱板、车灯、三句半、快板等曲艺节目中,有赞颂祖国的,也有歌唱华阳的,还有对时代变化的所思所想。每部作品都在传播正能量,不仅有艺术性,还紧跟时代,富有教育意义。

"我们的祖国发达兴旺,我们祖国繁荣富强,祖国迈进新时代,祖国前景更辉煌。"这是他今年创作歌曲中的一段唱词。张老说:"今年是祖国70周年华诞,我在伏龙社区编导排练的歌舞《欢庆建国70周年》先后在益州国际广场和老年大学演出。看着观众们被我们的节目所吸引,心中的自豪感就会油然而生。""沿袭广都续华阳,悠久美名扬四方,二江七孔数珍迹,通济拱桥乃典藏,寺庙遗址安公像,文化渊源长……""千年古都气象新,历史名城在飞腾。华阳变化硬是大,我们一一说分明。"通庚老师把所了解到的华阳历史与变化融入快板、歌曲等艺术形式中,在华阳街道各社区广为传唱。

"我们这一代人,经历了很多事,也见证了祖国发展得越来越好,变化越来越大。"张老如是说,"想不到妻子由一个农村姑娘当上了国家干部;想不到自己的家庭能从乡镇搬到县城再搬到省府成都,住上了漂亮的楼房;想不到退休后能领到退休金,晚年生活有保障;想不到能和既孝顺又有学识的儿女一同到香港、台湾、北京、上海、广州等地观光旅游。"为了反映这些变化,张老把自己的亲身感受写进了天津快板《都说第一次》中,在成都芳草街举办的曲艺大赛中获创作奖、演出二等奖,在华阳将军碑社区演出获金奖。"第一次买家电,物美价又廉,买台海尔洗衣机,用起来很方便。""我第一次买电话,买的是诺基亚。""我第一次办社保,手续很简单,老了生活有保障,月月领现钱。"张老创作的这个快板朗朗上口,朴实无华,内容打动人心,到华阳街道的伏龙社区、将军碑社区、一心社区、鹤林社区巡回演出,受到居民们的一致认可和欢迎,节目一下子就火了。

通庚老先生是华阳老年协会文学社的成员,他谦逊有礼,人缘很好。该协会的邱龙君先生告诉记者:"华阳街道为我们老年人搭建了一个老有所乐、老有所为的平台。我在文学社认识了张老先生，他的言谈举止流露出文化人的文明气质，编排的节目内容健康，是文化修养的载体。他退休后不虚度光阴，与社区的文娱爱好者们一起编排节目，一起锻炼身体，生活过得很充实。"

最近，张老正以过去从事教育工作时的那份热爱与热情，全力投入到华阳精神文化建设中，积极为《诗文华阳》一书撰稿，为弘扬中华文化而孜孜不倦，无私奉献。

2019 年 10 月于成都

落笔时，脑海里都是父亲手执教鞭站在讲台上的身影。

父亲一直从事中小学教育工作，是四川省的特级教师。

母亲告诉我们，父亲上讲台的时候，还不到16岁。他个子不高，站在讲台后面，学生一般看不见老师。

父亲主要教小学语文，给我们印象深刻的是，他准备课件特别认真，经常挑灯夜战，假期也不休息，准备到精彩的地方，会传出爽朗的笑声；他总是准备一些教学用具，生动形象地展示给学生，来加深记忆；他善于调动学生的积极性，师生互动尤其好，课堂气氛轻松愉快，常有欢声笑语；他应教尽教，主要知识点都在课堂上消化，课后作业少，真正为学生和家长减负。大伯张正元听过父亲的授课，给我们竖大拇指，对这个弟弟很是满意。

除语文教学外，父亲还教中小学数学、英语、音乐等课程。其实，父亲读书时从未学过英语，完全从零开始，硬是克服了没有教材和教学设备的困难，自学英语发音、语法和会话，终于成功开设初中英语课程。当时处在20世纪70年代末，改革开放刚刚开始，其中的艰辛，可想而知。

除教学外，父亲还是文艺积极分子。20世纪六七十年代，文艺演出较多，父亲经常组织、编排文艺节目，周末也很少休息；他经常带队参加区县的文艺演出，吹拉弹唱样样在行，深得大家信任。父亲说，从事文艺活动，主要是因为家庭成分不好，必须好好表现。但是我们深知，父亲在文艺方面的天赋和兴趣，才是更加根本的原因。到现在，父亲仍是社区文艺活动的积极分子，金钱板打得越来越响亮。

父亲积极争取进步，很早就写了入党申请书，经常向党组织汇报思想，即便没有回音，也一直坚持；再大的委屈也无法动摇他坚定的信念。父亲始终自觉按照共产党员的标准要求自己，他通过新旧社会的对比，深信老百姓是国家的主人，国家会更加繁荣昌盛，人民的生活会越来越好。功夫不负有心人，当父亲成为光荣的中国共产党党员的时候，激动得热泪盈眶。

父亲乐于助人，指导年轻教师准备教案，辅导学生学习功课，是经常的事；教学之外的一些杂活、苦活、累活，他也亲力亲为；放假值班更是常态，在我们印象里，父亲从来没有寒暑假的概念，以校为家，很少休假，以至于有一段时间我们和父亲产生了陌生的感觉。

父亲平时话不多，有点儿严肃，人又老实，再加上富农成分，经常受到不公正待遇，甚至是冷嘲热讽，但是他从不往心里去。在我们受别人欺负时，他总是慢条斯理地说："逗你的。"母亲告诉我们，父亲性格刚毅，是生活的磨难铸造了他的坚忍。

1977年恢复高考，父亲闻讯后深感振奋。他反复追问校长，富农的孩子能参加高考吗？录取线是一样的吗？申请志愿没有限制吗？得到肯定答复后，父亲如获至宝，从此，培养我们上大学成为家里的头等大事。父亲不厌其烦为我们抄写数学题，给兄弟俩"加餐"；为了改善我们的伙食，父亲经常不辞辛劳，步行十多里路，给我们送来母亲亲手做的榨菜肉丝。正是由于父母的悉心培养，使我们兄妹三人都考上了大学，也从此改变了家庭的命运。

后来，父亲因教学成绩显著调到了县城，培训教师、现场教学、研究教学，每天忙得不亦乐乎。就在他正想夺回过去失去的美好时光，大干一场的时候，却到了退休年龄。离开心爱的教育岗位，对父亲来说是一件遗憾的事情。于是我们便建议父亲退而不休，花点儿时间写写我们的家庭，写写他的教育生涯，再写写快乐人生。这是一件很有意义的事，父亲马上把这当作最重要的事情去做。回忆也是快乐与痛苦并存的，父亲不知失眠了多少个夜晚，流下了多少泪水，花费了多少精力，和亲朋好友反复求证，大量搜集资料，反复推敲修改，孜孜不倦。出了三本书后，仍觉意犹未尽，不顾八十多岁的高龄，又一鼓作气写成了这部《家的积淀》。

这部书，不仅仅是写我们家的喜怒哀乐与酸甜苦辣，也可以说是中国千千万万个家庭不屈不挠、坚忍不拔、追求美好生活的缩影，进而从一个具体的侧面，体现了中华民族勤劳、勇敢、智慧、善良、坚忍、团结、进取等优秀传统美德，也正是这些传统美德，汇聚成实现中华民族伟大复兴的强大力量！

谁言寸草心，报得三春晖。感恩父母的养育之恩，你们培养我们长大，我们陪你们到老！

晓慧　国强　凤鸣

后记

搁笔思考：人世间，几乎所有的人都有祖先，都有父母，都有家，都是从家庭走出来的；绝大多数人都有"低头思故乡"、念祖、怀旧、想家、思亲的时候；追求发家之道、家和之道、为人之道、成才之道的智者，一心想"家旺人旺财运旺"的精英，也许会从有关"家庭"的书中去寻找家兴人旺的答案。

《家的积淀》中，在刻画人物、叙述情节、环境描写的同时也有一定的知识含量和议论成分，这种尝试也许有悖于文学创作，还请读者见谅、指正。

能量的传承才是最有价值的传承。但愿拙作中富有人生价值观的理念、引语、警句、良言恰似二月春风拂过流年，给你点点能量，给你缕缕阳光和温暖。

拙作在编写过程中，亲人、朋友提出了宝贵的建议，提供了资料和信息，在此一并致谢。

张正根
2021年2月于成都